Beate Kurt

Materialien und Kopiervorlagen zu

Ulrich Hub
An der Arche um Acht

Hase und Igel®

Inhalt

Das Buch / Das Material . . . 3

Hinweise zur Unterrichtsgestaltung und zu den Kopiervorlagen . . . 4

Kopiervorlagen:

Vor der Lektüre
Das neue Buch . . . 20
Die Geschichte von der Arche Noah . . . 21
Pinguin-Lesezeichen . . . 22
Wissenswertes über Pinguine . . . 23
Steckbrief Pinguin . . . 24
Pinguin-Stabpuppe . . . 25

In der Antarktis
Wenn drei sich streiten . . . 26
Der Schmetterling . . . 27
Wer ist eigentlich Gott? . . . 28
Was glaubst du? . . . 29
Gottes Regeln . . . 30
Freunde? . . . 31

Eine Nachricht von Gott
Die Taube . . . 32
Gott hat die Geduld verloren . . . 33
Das Ticket . . . 34

Wer kommt auf die Arche?
Zwei Pinguine . . . 35
Drei Pinguine . . . 36
An der Arche . . . 37

Die Arche
Die Arche . . . 38
Ein ohrenbetäubender Lärm . . . 39
Schuldig? . . . 40
Die genervte Taube . . . 41

Das Leben auf der Arche
Heimat . . . 42
Schon vierzig Tage . . . 43
Gott im Koffer . . . 44
Käsekuchen . . . 45
Die Strafe . . . 46

Nach der Sintflut
Probleme . . . 47
Das Verlassen der Arche . . . 48
Die schuldbewusste Taube . . . 49
Noah . . . 50
Ein Zeichen von Gott . . . 51
Der Regenbogen . . . 52
Ein neues Leben . . . 53

Zum Abschluss
Zweimal Arche . . . 54
Einfühlspiel: Was glaube ich? . . . 55

80797 München, service@hase-und-igel.de
www.hase-und-igel.de
Lektorat: Monika Burger, Mira Fischer
Satz: Appel Grafik München GmbH
Illustrationen:
Jörg Mühle (aus: Ulrich Hub, An der Arche um Acht
© S. Fischer Verlag GmbH, Frankfurt am Main 2016,
erstmals erschienen 2007 im Sauerländer Verlag)
und Hendrik Kranenberg
Druck: Joh. Walch GmbH & Co. KG, Im Gries 6,
86179 Augsburg, kontakt@walchdruck.de

ISBN 978-3-86760-753-7
6. Auflage 2026

Das Buch

Nur sehr wenige Texte sind so gut wie Ulrich Hubs „An der Arche um Acht“ dafür geeignet, mit Kindern ab der dritten Klasse über die ganz großen Fragen nach Gott und der Welt ins Gespräch zu kommen. Im Jahr 2005 zunächst als Theaterstück und 2006 als Hörspiel erschienen, hat die Geschichte seit 2007 auch als erzählendes Kinderbuch zahlreiche Kinder in ihren Bann gezogen. Den Hintergrund für den Text bildet die biblische Geschichte von der Sintflut, die humorvoll und geistreich abgewandelt wurde.

Im Mittelpunkt stehen drei Pinguine, die in einer Einöde aus Schnee und Eis leben und sich oft streiten. So vergeht ein Tag wie der andere. Ein plötzlich auftauchender Schmetterling, den der kleine Pinguin umbringen möchte, bietet ihnen den Anlass, über Gott zu diskutieren. Darüber geraten sie so in Streit, dass der kleine Pinguin schließlich zornig davonwatschelt.

Da landet vor den beiden großen Pinguinen eine Taube, die ihnen die Nachricht bringt, dass es eine große Sintflut geben wird. Die Taube überreicht den Pinguinen zwei Tickets für die Arche Noah mit dem Hinweis, dass der Treffpunkt an der Arche um Acht sei. Wer zu spät komme, müsse ertrinken.

Da die beiden großen Pinguine ihren kleinen Freund nicht zurücklassen wollen, schmuggeln sie ihn in einem Koffer an Bord. Auf der Arche denken die Pinguine weiter über Gott nach, der mit der Sintflut das Leben auf der Erde auslöscht. Als die Taube darauf besteht, dass der Koffer geöffnet wird, gibt sich der kleine Pinguin im Koffer als Gott aus. Er führt mit der Taube ein nachdenkliches Gespräch über Gott. Sein Wunsch nach Käsekuchen veranlasst die Taube schließlich dazu, den Koffer doch zu öffnen. Sie ist entsetzt: Gott ist doch kein Pinguin!

Als die Pinguine auf ihre göttliche Strafe warten, kommt die Taube plötzlich mit einem Ölzweig im Schnabel an: Die Flut ist vorbei und alle Tiere haben die Arche schon in Zweierreihen verlassen. Doch wie kommen drei Pinguine und eine Taube nun an Noah vorbei? Schließlich verlassen zwei Pinguine die Arche, gefolgt von zwei Tauben, von denen eine größer ist als die andere und ein bisschen nach Fisch riecht.

Zum Abschied erklärt Noah den Pinguinen, dass man sich Gott vorstellen könne, wie man wolle, und dass er überall, in jedem Menschen, jedem Tier und jeder Pflanze sei. Der Regenbogen sei ein Zeichen Gottes für den künftigen Frieden mit den Menschen.

Das Buch eignet sich als Klassenlektüre zum Einsatz ab dem dritten Schuljahr, insbesondere in der vierten und fünften Klasse. Die Geschichte von den drei Pinguinen regt auf ungewöhnliche Weise zum Nachdenken und Philosophieren über Gott an: Gibt es Gott? Wer ist Gott? Wie kann man sich Gott vorstellen? Auch die Themen Schuld und Strafe spielen eine wichtige Rolle. Die Leser werden ermutigt, eigene Vorstellungen zu existenziellen Fragen zu entwickeln und zu hinterfragen. Darüber hinaus gibt es mit den Themen Freundschaft, Streit und Heimat zahlreiche Ansatzpunkte, um sich bewusst mit der eigenen Persönlichkeit und den eigenen Gefühlen auseinanderzusetzen.

Das Material

Das Unterrichtsmaterial gliedert sich in einen didaktischen Teil und daran anschließende Kopiervorlagen. Im Lehrerteil finden Sie zu jedem Abschnitt des Buchs eine kurze Zusammenfassung des Inhalts, zahlreiche Gesprächsanlässe zu den angesprochenen Themen, Anmerkungen und Lösungen zu den Kopiervorlagen sowie weiterführende Anregungen für Ihre Unterrichtsgestaltung.

Die Kopiervorlagen (ab Seite 20) sind für die Hand der Schüler gedacht. Sinnerfassendes Lesen wird mithilfe abwechslungsreicher Übungen immer wieder überprüft. Das Material bietet mit fächerübergreifenden Aktivitäten (Sachinformationen zu Pinguinen und zum Regenbogen, Käsekuchen-Rezept) die Möglichkeit für ganzheitliches Lernen. Besonderer Wert wird darauf gelegt, dass die Schüler zu ethischen und religiösen Themen ihre Meinung äußern und reflektieren. Wichtig ist dabei auch, dass sie abweichende Ansichten ihrer Mitschüler akzeptieren lernen.

Das Buch wurde für dieses Material in sechs Abschnitte gegliedert, die eine entsprechend strukturierte Behandlung der Lektüre im Unterricht nahelegen:

Seite 7 bis 18: In der Antarktis
Seite 18 bis 26: Eine Nachricht von Gott
Seite 26 bis 38: Wer kommt auf die Arche?
Seite 38 bis 51: Die Arche
Seite 51 bis 70: Das Leben auf der Arche
Seite 70 bis 86: Nach der Sintflut

Eine Symbolleiste am oberen Rand der Kopiervorlagen weist auf die Arbeitstechniken hin, die schwerpunktmäßig anzuwenden sind.

Vor der Lektüre

Schreiben Sie den Titel der Lektüre als stummen Impuls an die Tafel, bevor die Kinder ihr Buch in Händen halten. Anhand der folgenden Fragen stellen sie Vermutungen zum Inhalt der Lektüre an:

- Was könnte der Titel bedeuten?
- Was ist eine Arche bzw. die Arche?
- Wer soll an der Arche sein?
- Warum sollte man dort sein?

Danach erhalten die Schüler ihre Bücher. Betrachten Sie gemeinsam das Bild auf dem Umschlag und lassen Sie die Kinder beschreiben, was sie sehen: Ein Pinguin steht im Regen, das Wasser reicht ihm schon bis zum Bauch.

Hinweise zu den Kopiervorlagen

KV Seite 20

Das neue Buch

Sobald die Kinder das Buch in Händen halten, betrachten Sie mit ihnen den Umschlag und die Informationen, die sie hier vorfinden. Lesen Sie gemeinsam den Klappentext und lassen Sie die Kinder den Inhalt kurz zusammenfassen.

Im Anschluss bearbeiten die Schüler selbstständig die Kopiervorlage. Darauf können sie ihre Vermutungen zum Inhalt, aber auch ihre Wünsche und Erwartungen an das Buch festhalten.

Zusätzlich oder alternativ tragen die Kinder ihre Erwartungen in Kleingruppen auf Memozetteln zusammen. Diese werden auf einem Plakat oder an einer Pinnwand aufgehängt. Am Ende der Lektürearbeit kann darauf zurückgegriffen und reflektiert werden, inwieweit die Erwartungen erfüllt wurden.

Lösung

Aufgabe 1:
Titel des Buchs: An der Arche um Acht
Autor: Ulrich Hub
Illustrator: Jörg Mühle
Verlag: S. Fischer Verlag
Inhalt in Stichworten: individuelle Lösungen

Aufgaben 2 und 3:
individuelle Lösungen

KV Seite 21

Die Geschichte von der Arche Noah

Die Lektüre nimmt indirekt Bezug auf die Geschichte von der Arche Noah, die im Alten Testament der Bibel im ersten Buch Mose zu finden ist. Auch wenn einige Schüler die Geschichte schon einmal gehört haben, sollten Sie nicht voraussetzen, dass der Inhalt allen Kindern bekannt ist. Mit dieser Kopiervorlage, die den gekürzten Text von Genesis 6–9 enthält, können Sie den Inhalt der Geschichte vor der Lektüre des Buchs wiederholen. Sie stellt das Hintergrundwissen für die Lektüre dar.

Lösung

Aufgabe 2:
Grün: Gott war von den Menschen sehr enttäuscht. Sie hatten ihn vergessen und führten ein schlechtes Leben. Deshalb beschloss er, alle Menschen und Tiere zur Strafe umkommen zu lassen. (...)
Blau: Nachdem Noah die Arche vollendet hatte, ging er mit seiner Frau, seinen Söhnen und deren Frauen auf das Schiff. Außerdem nahm er – wie Gott es ihm befohlen hatte – von jeder Tierart ein Männchen und ein Weibchen mit auf die Arche. (...)

Aufgabe 3:
Sintflut: Überschwemmung der ganzen Erde, in der die schlechten Menschen umkommen sollten
Arche: riesiges Schiff, das Menschen und Tiere vor dem Untergang in der Sintflut rettete

Weiterführende Anregung
Im Zusammenhang mit der Arche können Sie auf die heutige Verwendung des Begriffs zu sprechen kommen. So wie die Arche Noah laut Bibel Menschen und Tiere vor dem Ertrinken rettete, gibt es bei uns Einrichtungen, die Menschen aufnehmen und dadurch vor bestimmten Notsituationen bewahren. Das können z. B. sein: Kindertagesstätten, Organisationen, die sich um ausgesetzte Tiere kümmern, Einrichtungen, die sich um Obdachlose oder andere in Not geratene Menschen kümmern.

KV Seite 22

Pinguin-Lesezeichen

Das Lesezeichen soll die Schüler durch die Lektürearbeit und auch darüber hinaus begleiten. Es stimmt thematisch auf die Geschichte ein und hilft den Kindern, die zuletzt gelesene Seite schnell zu finden.

Das fertig gebastelte Lesezeichen kann zusätzlich mit einem Bändchen versehen werden: Dafür machen die Schüler im oberen Bereich in der Mitte ein Loch mit einer spitzen Schere oder einem Locher und ziehen anschließend ein Band aus bunter Wolle, Bast oder Geschenkband hindurch, das verknotet wird. Auch ein geflochtenes oder gekordeltes Wollband ist möglich.

KV Seite 23

Wissenswertes über Pinguine
In Vorbereitung auf das inhaltliche Verstehen des Buchs ist es sinnvoll, dass die Kinder Sachwissen zu den Hauptfiguren, den Pinguinen, erwerben. Anhand dieses Sachtextes erfahren sie einige grundlegende Informationen rund um Pinguine, ihren Lebensraum und ihre Lebensweise. Hier kann einzeln oder mit einem Partner gearbeitet werden.

Lösung
Aufgabe 2:
Die folgenden Aussagen sind richtig:
Pinguine gehören zu den Vögeln.
Pinguine können mit ihren Flügeln schnell schwimmen.
Pinguine ernähren sich von Fischen und Krebsen.
Der größte Pinguin ist der Kaiserpinguin.
Pinguine gibt es auch in Südamerika, Südafrika und Neuseeland.

KV Seite 24

Steckbrief Pinguin
Es gibt 18 verschiedene Pinguinarten, deren Lebensraum und Lebensweise sich teilweise stark unterscheiden. Aus den vorgegebenen Pinguinarten wählen die Kinder eine aus, besorgen sich in Büchern oder im Internet die entsprechenden Informationen und tragen diese in den Steckbrief ein.

Anschließend stellen die Schüler mithilfe des Steckbriefs ihre Pinguinart der Klasse vor. Dabei üben sie das freie Sprechen vor Zuhörern. Die Steckbriefe werden im Klassenzimmer oder im Schulhaus ausgestellt.

KV Seite 25

Pinguin-Stabpuppe
Mithilfe der Kopiervorlage erstellen die Kinder eine Pinguin-Stabpuppe. Diese kann im Verlauf des Lektüreprojekts zur sprachlichen Umsetzung verschiedener (Streit-)Gespräche genutzt werden.

In der Antarktis
Seite 7 – Seite 18, 1. Absatz

Inhalt

In einer einsamen Gegend mit nichts als Eis und Schnee um sie herum leben drei Pinguine. Auf den ersten Blick sehen sie völlig gleich aus, doch ein Pinguin ist ein bisschen kleiner als die beiden anderen. Meist vertreiben sich die Pinguine die Zeit mit Streit.

Doch als ein Schmetterling im Schnee landet, ist ihre Langeweile vorbei. Der kleine Pinguin will den Schmetterling töten, aber die beiden anderen Pinguine versuchen ihn mit der Begründung, Gott habe gesagt: „Du sollst nicht töten!“, davon abzuhalten. Im folgenden Gespräch stellt sich heraus, dass die Vorstellungen der drei Pinguine von Gott sehr unterschiedlich sind.

Als der kleine Pinguin den Schmetterling zertreten will, halten ihn die beiden anderen mit einer Ohrfeige davon ab. Sie sagen ihm, dass er ein schlechter Pinguin sei. Als sich der kleine Pinguin dann in den Schnee plumpsen lässt, fällt er geradewegs auf den Schmetterling. Nun streiten die drei Pinguine weiter über Gut und Böse, ob es Gott überhaupt gibt und ob und wie Gott bestraft. Schließlich verlässt der kleine Pinguin die beiden anderen, weil er keine Freunde haben will, die ihm vor Gott Angst machen. Daraufhin kommen auch die beiden großen Pinguine über die Existenz Gottes ins Zweifeln.

Gesprächs- und Schreibanlässe

Die drei Pinguine streiten oft.
- Warum streiten sie?
- Ist der Streit wirklich nötig?
- Wie klären sie den Streit?
- Gibt es andere Möglichkeiten, den Streit zu beenden?

Wer ist Gott?
- Glaubst du, dass es Gott gibt? Warum? Warum nicht?
- Was tut Gott? Bestraft er? Falls ja, wie?
- Wie sieht er aus?

Regeln und Gebote – Gut und Böse:
- Wer legt fest, was gut und was böse ist?
- Woher weiß man, was gut und was böse ist?
- Warum ist es wichtig, dass es Regeln für das Zusammenleben der Menschen gibt?
- Gibt es gute und böse Menschen?
- Warum sind Menschen gut oder böse? Was glaubst du?

Auch zwischen Kindern und in der Schule gibt es manchmal Streit.
- In welchen Situationen kann es Streit geben?
- Erzähle von einer Streitsituation.
- Kann man Streit verhindern? Wie?
- Welche Regeln sollte man beim Streiten einhalten?
- Welche Lösungsmöglichkeiten für Streit gibt es?

Hinweise zu den Kopiervorlagen

KV Seite 26

Wenn drei sich streiten ...

Zu Beginn des Buchs erleben die Kinder einen typischen Streit zwischen den drei Pinguinen, der von einem Pinguin mit einer unwichtigen Kleinigkeit gezielt provoziert wird.

In spielerischer Darstellung setzen sich die Schüler mit dem Thema Streit auseinander. Sie überlegen, was der Grund für einen anderen Streit der Pinguine sein könnte. Wie verläuft das Gespräch? Wie reagieren die Pinguine? Mit ihren Stabpuppen spielen die Kinder das Streitgespräch nach. Dabei beachten sie sprachliche Ausdrucksformen wie das Heben und Senken der Stimme.

Überlegen Sie gemeinsam mit den Kindern, was die Pinguine in der öden Gegend machen könnten, anstatt sich ständig zu streiten.

Lösung

Aufgabe 1:
Hört auf zu streiten.

Aufgabe 2:
Der kleine Pinguin versetzt den beiden anderen einen Tritt. Daraus entsteht eine Prügelei zwischen allen drei Pinguinen.

Aufgabe 3:
Der Grund für den ständigen Streit der Pinguine ist Langeweile in einer öden Gegend.

Aufgabe 4:
Mögliche Themen für einen Streit können das Aussehen oder Eigenschaften der Pinguine sein, z. B. wer das schönere Fell hat oder wer am schnellsten schwimmen kann. (S. 9: „Erst schauen sich die Pinguine die Gegend an, dann schauen sie sich an und schon gibt es Streit.")

KV Seite 27

Der Schmetterling

Ein Schmetterling bringt in das langweilige Leben der drei Pinguine unerwartet Abwechslung. Nach erster Freude entsteht jedoch ein neuer Streit, weil der kleine Pinguin den Schmetterling töten möchte.

Lösung

Aufgabe 1:
Sie machen vor Freude einen Luftsprung.
Sie klatschen begeistert in die Flügel.
Sie watscheln an den Schmetterling heran und betrachten ihn verzückt.
So etwas Schönes haben sie noch nie zuvor gesehen.

Aufgabe 2:
Der Schmetterling bringt Abwechslung und damit Freude in das langweilige Leben der drei Pinguine.

Aufgabe 3:

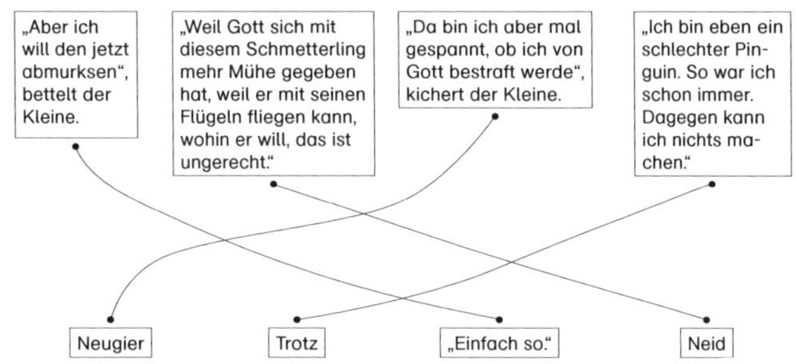

KV Seite 28

Wer ist eigentlich Gott?

Die drei Pinguine haben unterschiedliche Vorstellungen von Gott, von seinem Aussehen und seinem Handeln. Gehen Sie hier darauf ein, wie die Schüler Gott sehen. Geben Sie ihnen Gelegenheit, Fragen zu stellen und über Unsicherheiten zu sprechen.

Lösung

Aufgabe 1:
Der kleine Pinguin sagt: „Gott hat mich eben als schlechten Pinguin gemacht." – „Gott hat sich mit dem Schmetterling mehr Mühe als mit uns Pinguinen gegeben." – „Ich glaube, Gott gibt es überhaupt nicht."

Die restlichen Aussagen stammen von den beiden großen Pinguinen.

Aufgabe 2:
In der Antarktis gibt es nur Schnee und Eis, die Landschaft ist also äußerst eintönig. Der kleine Pinguin will damit sagen, dass es hier keine Abwechslung wie z. B. Bäume, Blumen und andere Tiere gibt.

KV Seite 29

Was glaubst du?

Mithilfe dieser Kopiervorlage machen sich die Kinder Gedanken über ihre eigenen Vorstellungen von Gott. Grundlage sind die Aussagen der Pinguine aus dem Buch. Ein Kind trägt auf der linken Seite der

Aussagen seinen Namen ein und kreuzt dort seine Meinung an. Diese Antworten werden dann nach hinten umgeklappt, sodass ein zweites Kind seine Meinung unbeeinflusst auf der rechten Seite ankreuzen kann. Im Anschluss daran vergleichen die beiden Kinder ihre Antworten und sprechen darüber. Vielleicht finden die Kinder gemeinsam weitere Aussagen, die ihrer Meinung nach auf Gott zutreffen bzw. nicht zutreffen.

KV Seite 30

Gottes Regeln

Für diese Kopiervorlage gibt es in der Lektüre zwei Anknüpfungspunkte: Als der kleine Pinguin den Schmetterling töten möchte, meint ein großer Pinguin, Gott habe gesagt: „Du sollst nicht töten." Bei diesem Satz handelt es sich um eines der Zehn Gebote. Außerdem sagt einer der beiden großen Pinguine, Gott habe sich jede Menge Regeln ausgedacht.

Auf der Kopiervorlage finden Sie die Texte der Zehn Gebote, wie sie in der katholischen und evangelischen Kirche üblicherweise genannt werden. Da die Sprache dieser Texte für Kinder heute oftmals schwer verständlich ist, sollen sie die Originaltexte mit Sätzen verbinden, die ihre Bedeutung in zeitgemäßer Sprache klarer herausstellen. Überlegen Sie mit den Schülern, inwieweit diese Regeln auch heute noch Bedeutung haben.

Lösung

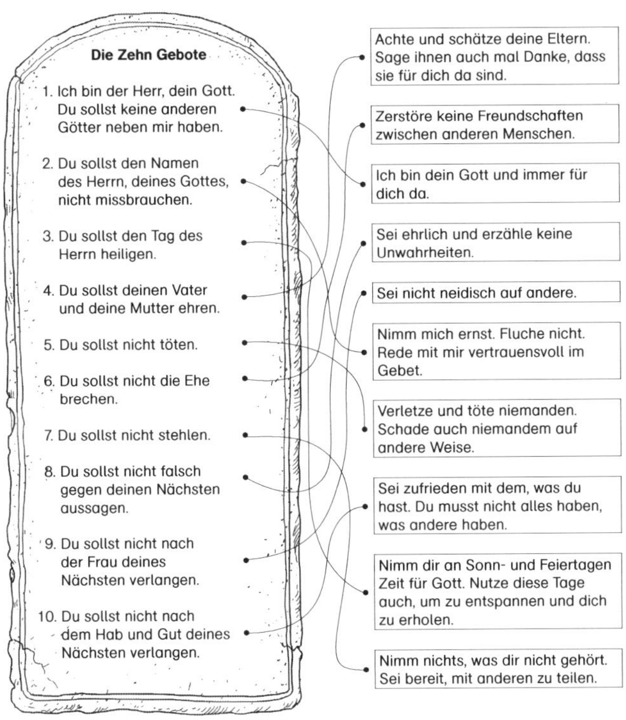

Die Zehn Gebote
Die Zehn Gebote werden auch Dekalog genannt und sind in der Bibel zweimal zu finden: im 2. Buch Mose (Exodus 20,2–17) und im 5. Buch Mose (Deuteronomium 5,6–21). Die Einteilung der Gebote erfolgt je nach Übersetzung in den verschiedenen Religionen unterschiedlich: Während bei den Juden, Anglikanern, Orthodoxen und vielen Freikirchen das sogenannte „Bilderverbot" als zweites Gebot auftaucht und die beiden „Begehrensverbote" zum zehnten Gebot zusammengefasst werden, wird das „Bilderverbot" in der katholischen und evangelischen Kirche in das erste Gebot eingeschlossen, während die „Begehrensverbote" auf das neunte und zehnte Gebot aufgeteilt werden.

KV Seite 31

Freunde?

Im Mittelpunkt dieser Kopiervorlage steht der kleine Pinguin, der sich von seinen beiden Freunden nicht verstanden fühlt. Besprechen Sie zunächst mit den Kindern, wie Freundschaften entstehen können und was es bedeutet, befreundet zu sein. So gehört es z. B. auch dazu, einmal nicht derselben Meinung zu sein und sich trotzdem zu mögen.

Die Aussage „Gott hat alles gemacht" stellt die Grundlage für Aufgabe 1 dar. Der kleine Pinguin sieht nicht ein, dass er für sein Verhalten – egal ob gut oder schlecht – selbst verantwortlich sein soll. Diese Verantwortung versucht er mit der Bemerkung „So hat Gott mich eben gemacht" abzuschieben. Wie weit der freie Wille des Menschen reicht und wodurch er eingeschränkt wird, ist eine unter Philosophen viel diskutierte Frage, weshalb es hier auch nicht darum gehen kann, die „richtige Antwort" zu finden. Sicher ist es spannend, mit den Kindern darüber zu sprechen, wovon es (außer Gott) noch abhängig sein könnte, ob wir uns zu guten oder schlechten Menschen entwickeln.

Lösung

Aufgabe 1:
Der kleine Pinguin macht es sich hier wohl zu einfach. Viel spricht dafür, dass jeder zumindest innerhalb eines gewissen Rahmens die Freiheit hat, sich zwischen gutem und schlechtem Verhalten zu entscheiden.

Aufgabe 2:
Der kleine Pinguin ist bitter enttäuscht von seinen zwei Freunden, die ihm durch ihre Äußerungen Angst und ein schlechtes Gewissen gemacht haben. Er ist keineswegs

fest davon überzeugt, dass es keinen Gott gibt, wie seine kleinlauten Einwürfe („Vielleicht hat er gerade nicht hingeguckt“, „Was sind das für Strafen?“) zeigen.

Weiterführende Anregung
Ausgehend von der Aussage „Gott hat alle Lebewesen gemacht“ können Sie mit den Kindern die Einmaligkeit eines jeden Menschen herausarbeiten. Lassen Sie sie gezielt über ihre Stärken und Besonderheiten nachdenken. Die Kinder malen sich zunächst, wie sie sich selbst sehen, und erzählen dann ihren Mitschülern, was sie an sich besonders gut und schön finden. Alternativ ist es auch möglich, dass sich zunächst jedes Kind selbst malt und dann die Mitschüler dazuschreiben, was sie an dem Einzelnen besonders gut und schön finden.

Eine Nachricht von Gott
Seite 18, 2. Absatz – Seite 26, 1. Absatz

Inhalt

Während die beiden großen Pinguine noch über Gott philosophieren, verdunkelt sich der Himmel. Da landet plötzlich vor ihnen eine dicke weiße Taube, die ihnen eine Nachricht von Gott überbringt: Gott hat genug von den Menschen und Tieren, die ständig streiten. Deshalb lässt er eine gewaltige Sintflut entstehen, bis die ganze Erde mit Wasser überschwemmt ist.

Schon beginnt es zu regnen. Die Taube erklärt den beiden, dass von jeder Tierart zwei Exemplare auf die Arche Noah gehen sollen, auch zwei Pinguine. Sie überreicht jedem Pinguin ein Ticket und bestellt sie für acht an die Arche. Dann flattert sie davon.

Gesprächs- und Schreibanlässe

Gott hat von den Menschen und Tieren genug.
- Welche Gründe nennt Gott für die Sintflut?
- Was soll durch die Sintflut geschehen?
- Warum sollen von jeder Tierart zwei Tiere auf die Arche Noah gehen? (Der Erhalt aller Tierarten soll gesichert werden.)
- Ist die Sintflut notwendig?

Ist Gott heute mit den Menschen zufrieden?
- Machen die Menschen auch heute Dinge, die Gott nicht gefallen? Welche könnten das sein? (z. B. Kriege, Terroranschläge, Rodung von Wäldern, Ausrottung von Tierarten, aber auch Missachtung der Zehn Gebote im persönlichen Bereich)
- Gibt es Zeichen, an denen man erkennen kann, dass die Menschen mit der Erde, also mit Gottes Schöpfung, nicht sorgsam genug umgehen? (z. B. Klimawandel als Folge der Erderwärmung, vom Menschen verursachte Naturkatastrophen)
- Welche Möglichkeiten zum Schutz der Erde gibt es in unserem direkten Umfeld? (z. B. Müllvermeidung, Achtsamkeit gegenüber Natur und Tierwelt, Reduzierung des Energieverbrauchs)

Eine weiße Taube überbringt den Pinguinen die Nachricht von der Sintflut.
- Warum hat Gott wohl eine Taube als Boten gewählt? (Tauben überbringen als Brieftauben Nachrichten. Die Taube gilt außerdem als Symbol für den Frieden.)
- Hat die Taube recht, wenn sie den Pinguinen erklärt, wer zu spät zur Arche komme, müsse ertrinken?

Hinweise zu den Kopiervorlagen

KV Seite 32

Die Taube
Die Taube hat die Aufgabe, die Botschaft Gottes von der Sintflut allen Tieren zu überbringen. Die Kinder können die Begegnung der Taube mit den beiden Pinguinen im Rollenspiel oder mit Stabpuppen nachspielen. Die Szene kann dabei auch variiert und ausgebaut werden.

Sie können mit den Kindern bereits an dieser Stelle des Buchs über die Bemerkung der Taube nachdenken: „Komisch, irgendwie habe ich das dumpfe Gefühl, ich hätte etwas vergessen. Etwas ganz Wichtiges.“ Falls die Kinder dazu noch keine Idee haben, lassen Sie die Frage offen – die Taube wiederholt diesen Gedanken noch mehrmals. Am Ende des Buchs wird das Problem, dass die Taube für sich selbst keinen Partner an Bord der Arche mitgenommen hat, explizit angesprochen.

Lösung

Aufgabe 1:

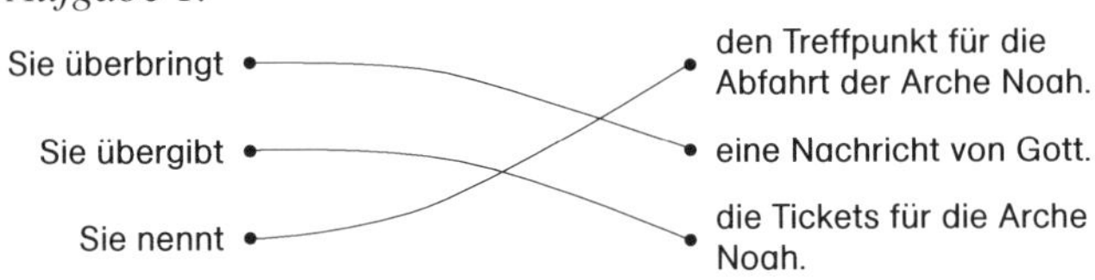

Aufgabe 2:

Mögliche Fragen: Warum muss Gott auch uns eine Sintflut schicken? Was haben wir denn getan? Werden Eis und Schnee am Südpol schmelzen? Wann beginnt die Sintflut? Gibt es eine Möglichkeit, sich zu retten? Was passiert nun mit uns?

Aufgabe 3:

Grund 1: Die Arche Noah ist zwar ein großes Schiff, aber es gibt nur Platz für zwei Tiere jeder Art.
Grund 2: Von jeder Tierart sollen zwei Tiere – ein Männchen und ein Weibchen – an Bord der Arche gehen, damit die Tierarten nicht aussterben.

KV Seite 33

Gott hat die Geduld verloren

Diese Kopiervorlage stellt die Ursachen für Gottes Entschluss, eine Sintflut über die Erde kommen zu lassen, in den Mittelpunkt der Betrachtung. Gehen Sie spätestens jetzt darauf ein, dass in der Bibel neben dem Schöpfer- und Bestrafer-Gott des Alten Testaments auch der liebende, barmherzige, alle Sünden verzeihende Gott des Neuen Testaments vorkommt.

Lösung

Aufgabe 1:

Gott hat genug von den Menschen und Tieren.
Sie streiten sich ständig.
Alles muss man ihnen dreimal sagen.

Aufgabe 2:

Ich lasse eine gewaltige Sintflut entstehen.
Die Flüsse und Meere werden immer höher steigen.
Das Wasser soll über die Häuser steigen, bis über die Baumwipfel.
Und auch die Gipfel der höchsten Berge sollen in der Flut versinken.
Am Ende wird die ganze Erde mit Wasser überschwemmt sein.

Aufgabe 3:

Gott will die gesamte Welt auslöschen und anschließend noch einmal von vorne anfangen.

KV Seite 34

Das Ticket

Betrachten Sie vor dem Bearbeiten dieser Kopiervorlage das im Buch abgebildete Ticket: Auf der Vorderseite befindet sich ein Kreuzfahrtschiff mit Palmenstrand, der Text auf der Rückseite enthält einige Floskeln, die sich heutzutage auf Tickets finden. Besprechen Sie, dass sowohl die Abbildung des Schiffs als auch der Text nicht richtig zur Arche Noah passen: Tiere benötigen eigentlich keinen Sitzplatz und nach der Sintflut gibt es auch niemanden mehr, der ein Ticket brauchen könnte.

Ausgehend von diesen Überlegungen gestalten die Kinder nun auf dem Arbeitsblatt ein eigenes Ticket. Sie können entscheiden, wie das Schiff auf der Vorderseite aussehen soll und welche Bedingungen sie an die Fahrgäste stellen. Im Anschluss daran sollte im Klassenverband diskutiert werden, welche Bedingungen zweckmäßig sind.

Im Anschluss an die zweite Aufgabe kann darüber gesprochen werden, dass die Taube mit ihrem Hinweis, wer zu spät kommt, ertrinkt, bei auf dem Land lebenden Tieren recht hat, bei den Pinguinen jedoch eigentlich nicht. Auch ein Gespräch zum Thema Pünktlichkeit ist hier möglich.

Lösung

Aufgabe 1:

individuelle Ideen

Aufgabe 2:

Aber denkt daran, an der Arche um Acht, wer zu spät kommt, ertrinkt.

Wer kommt auf die Arche?
Seite 26, 2. Absatz – Seite 38, 1. Absatz

Inhalt

Kaum ist die Taube weg, fangen die beiden Pinguine an zu packen. Beide denken darüber nach, weshalb ausgerechnet sie die Tickets für die Arche bekommen haben. Während der eine sich für auserwählt hält, denkt der andere, dass es einfach Zufall ist. Doch plötzlich müssen beide an den kleinen Pinguin denken, der kein Ticket hat und nicht auf die Arche Noah kann. Ohne etwas gepackt zu haben, machen sie sich auf den Weg zu ihm, um ihn ein letztes Mal zu sehen. Da es bereits zu regnen begonnen hat, steht der kleine Pinguin unter einem Regenschirm. Er hat sein Verhalten längst bereut und als die beiden großen Pinguine kommen, bietet er ihnen einen Platz unter dem Schirm an. Da können die beiden Großen nicht anders: Sie versetzen dem Kleinen einen kräftigen Schlag auf den Schädel und versuchen, ihn in ihre Koffer zu stopfen. Doch beide Koffer sind zu klein.

Da die beiden Pinguine erst einen größeren Koffer besorgen müssen, in den der kleine Pinguin hineinpasst, ist es schon dunkel, als sie als Letzte bei der Arche ankommen. Die Taube will wissen, was sich in dem riesigen Koffer befindet. Als ihr die Pinguine nach einer langen Diskussion endlich die Wahrheit sagen wollen, beginnt mit einem Blitz und einem gewaltigen Donner die Sintflut. So kommen die beiden Pinguine schließlich doch mit dem Koffer auf die Arche und die Taube schließt hinter ihnen die Tür.

Gesprächs- und Schreibanlässe

Die beiden Pinguine überlegen, warum gerade sie für die Arche Noah ausgewählt wurden.

- Was ist deiner Meinung nach der Grund dafür, dass die beiden Pinguine die Tickets für die Arche Noah erhalten haben?
- Kann man im Leben durch Leistung und Güte alles erreichen? Wird Güte belohnt?
- Oder ist alles im Leben von Glück und Zufall abhängig, also völlig unberechenbar?

Die beiden Pinguine packen den kleinen Pinguin in einen Koffer und schmuggeln ihn an Bord.

- Der eine der beiden Pinguine ist zunächst dagegen, den kleinen Pinguin an Bord zu schmuggeln. Er sagt: „Wenn das herauskommt, fliegen wir (...) von der Arche, dann überlebt kein einziger Pinguin. Wir beide (...) haben die Verantwortung für die gesamte Gattung Pinguin.“ Was will er damit sagen? Hat er recht?
- Warum entschließen sich die beiden großen Pinguine dazu, den kleinen Pinguin bewusstlos zu schlagen und in einen Koffer zu packen?
- Gäbe es eine andere Möglichkeit für die drei Pinguine, gemeinsam auf die Arche zu kommen und die Sintflut zu überleben?
- Mit dieser Aktion tun die Pinguine etwas Verbotenes. Was meint Gott wohl dazu? Was meinst du dazu?
- Die beiden Pinguine wollen ihren Freund „nicht im Regen stehen lassen“. Was bedeutet diese Redewendung? (jemanden in einer schwierigen Situation nicht alleinlassen)

Die Taube will, dass die beiden Pinguine ihren riesigen Koffer öffnen.

- Wie begründet sie die Aktion?
- Mit welchen Argumenten wollen die beiden Pinguine die Taube am Öffnen des Koffers hindern?
- Warum kommen die beiden Pinguine nicht mehr dazu, der Taube die Wahrheit über den Inhalt des Koffers zu sagen?
- Die beiden Pinguine behaupten, im Koffer sei „dicke Luft“. Was bedeutet diese Redewendung? (etwas Unangenehmes, eine gereizte Stimmung, ein drohender Streit)

Hinweise zu den Kopiervorlagen

KV Seite 35

Zwei Pinguine

Mit dieser Kopiervorlage können Sie anhand der Gedanken die unterschiedlichen Charaktere der beiden Pinguine herausarbeiten. Während der eine Pinguin das Auserwähltsein für die Arche Noah auf seine persönlichen Leistungen zurückführt, glaubt der andere Pinguin, dass es einfach Glück und Zufall war. Bei der Auswahl der Adjektive ist es sinnvoll, wenn die Kinder ihre Meinung mit entsprechenden Textstellen begründen.

Lösung

(Hinweis: Es ist an der Illustration nicht eindeutig erkennbar, welcher Pinguin welche Gedanken hat.)

Aufgabe 1:

Der linke Pinguin denkt:
Wir wurden auserwählt aus allen Pinguinen, weil wir die besten sind.
Wir waren immer brav.
Wir müssen gerettet werden.
Vor allem ich.

Der rechte Pinguin denkt:
Da haben wir noch einmal Glück gehabt.
Wenn wir nicht zufällig dieser Taube begegnet wären, müssten wir jetzt ertrinken.
Wie doch alles im Leben vom Zufall abhängt.
Hätten hier zwei andere Pinguine gestanden, hätten sie eben diese Tickets bekommen.

Aufgabe 2:

Der linke Pinguin ist hochnäsig, überheblich, egoistisch und unehrlich.
Der rechte Pinguin ist nachdenklich, schicksalsgläubig, gutmütig und ängstlich.

Weiterführende Anregung
Die beiden Pinguine packen fieberhaft ihren Koffer, um noch das Wichtigste mitzunehmen. Schließlich beschließen sie, dass sie den kleinen Pinguin einpacken wollen. Lassen Sie die Kinder überlegen, was sie in einer Notsituation mitnehmen würden, und es aufschreiben. Ggf. können Sie die Anzahl der Dinge auf fünf oder zehn beschränken. Die Schüler wählen im Anschluss daran einen Gegenstand aus und erklären den anderen, warum er für sie so wichtig ist, dass sie nicht darauf verzichten können oder wollen.

KV Seite 36

Drei Pinguine
Der Schwerpunkt liegt bei dieser Kopiervorlage auf der Freundschaft und dem Zusammenhalt zwischen den Pinguinen. Falls möglich, können Sie eine aktuelle Situation in Ihrer Klasse zum Anlass nehmen, um über den Wert von Freundschaft und gemeinsamem Handeln zu sprechen. Danach leiten Sie auf die Situation der drei Pinguine über. Es bietet sich an, die Szene im Rollenspiel oder mit den Pinguin-Stabpuppen nachzuspielen. Da klar ist, dass nur zwei Pinguine auf die Arche dürfen, kann jeder Pinguin versuchen zu begründen, warum ausgerechnet er mit auf die Arche muss.

Lösung
Aufgabe 1:

Aufgabe 2:
Die Zahlen von oben nach unten: 5 – 3 – 1 – 6 – 2 – 4.

KV Seite 37

An der Arche
Gehen Sie noch mal auf den Zusammenhalt der drei Pinguine ein. So finden die Schüler die Erklärung für die Verspätung der beiden. Anhand des Lückentextes werden die Schüler mit Vorschriften konfrontiert, die das Leben auf der Arche regeln und die ihnen zum Teil vielleicht aus ihrem Alltag bekannt sind. Welche der Regeln erscheinen sinnvoll, welche weniger? Überlegen Sie gemeinsam, warum es nicht nur auf der Arche, sondern auch für das sonstige Zusammenleben Regeln geben muss. Nehmen Sie davon ausgehend Bezug auf das Schulleben und sammeln Sie beispielhaft einige Regeln. Ggf. können Sie auch auf die Zehn Gebote (siehe S. 7) verweisen, die die Grundlage für viele Regeln darstellen.

Am Ende dieses Textabschnitts bringt die Taube erneut ihr Gefühl zum Ausdruck, sie habe etwas Wichtiges vergessen (vgl. S. 8/9). Falls die Frage noch nicht beantwortet wurde, können Sie wieder gemeinsam überlegen, was sie damit wohl meinen könnte.

Lösung
Aufgabe 1:
Die beiden Pinguine wollten ihren Freund, den kleinen Pinguin, nicht zurücklassen. Nachdem sie ihn bewusstlos geschlagen hatten, dauerte es eine Weile, ihn in einen passenden Koffer zu packen.

Aufgabe 2:
Auf das Schiff darf nur Handgepäck mitgenommen werden. Jedes verdächtige Gepäckstück muss geöffnet werden. Der Verzehr mitgebrachter Speisen und Getränke ist an Bord nicht gestattet. Jede Form von Glücksspiel ist auf der Arche Noah verboten.

Aufgabe 3:
a) Pinguin – dicke Luft – Fischbrötchen
b) Es handelt sich eben um dicke Luft.
Dieser Koffer ist ganz harmlos.
Wir sind Pinguine, man kann uns vertrauen.

Die Arche
Seite 38, 2. Absatz – Seite 51, 2. Absatz

Inhalt

Die Taube führt die beiden Pinguine mit ihrem schweren Koffer durch die Arche. Sie ermahnt sie immer wieder, leise zu sein, da die anderen Tiere schon schlafen. Schließlich erreichen sie einen dunklen Raum im untersten Stockwerk. Die Pinguine sind wegen des Teergestanks entsetzt. Als die Arche mit einem kräftigen Ruck ablegt, wachen die anderen Tiere auf und es gibt kurzzeitig Lärm. Dann ist wieder alles still.

Nachdem die Taube weg ist, öffnen die beiden Pinguine rasch den Koffer. Mühsam erklären sie dem kleinen Pinguin, dass er sich auf der Arche befindet und dass die Sintflut alles Leben auf der Erde auslöscht. Der Kleine gibt sich die Schuld an der Katastrophe und fängt an zu jammern. Die beiden anderen versuchen ihn zu trösten, doch er macht so viel Lärm, dass die Taube in die Kabine der Pinguine zurückkommt. Im letzten Moment kann einer der beiden Großen noch in den Koffer springen. Zuerst bemerkt die Taube nichts, doch dann wundert sie sich, dass einer der beiden Pinguine kleiner ist. Der kleine und der große Pinguin erklären der Taube, dass Pinguine leicht schrumpfen und dass sich bei Hunger ihre Stimme verändert. Entgegen den Regeln gibt die Taube den beiden eine Packung Kekse und verlässt die Kabine wieder.

Gesprächs- und Schreibanlässe

Den beiden Pinguinen gefällt es auf der Arche Noah nicht.
- Welchem Zweck dient die Arche Noah?
- Welche Fragen stellen die Pinguine, die die Taube völlig unangemessen findet?
- Was ist der Unterschied zwischen einem Rettungsschiff und einem Kreuzfahrtschiff?
- Erkundigt euch, welche Aktivitäten es auf einem Kreuzfahrtschiff gibt.
- Unterscheidet sich das Leben auf der Arche von dem Leben in der langweiligen Landschaft aus Schnee und Eis, in der die Pinguine zuvor zu Hause waren?
- Wie könnten die Pinguine die Zeit auf der Arche verbringen?

Als der kleine Pinguin von der Sintflut erfährt, gehen ihm viele Dinge durch den Kopf.
- Warum glaubt der kleine Pinguin, dass er an der Sintflut schuld ist?
- Ist er wirklich an der Sintflut schuld?
- Welche Sätze, die ihm zuvor die beiden großen Pinguine gesagt haben, wiederholt er nun?
- Sind die beiden großen Pinguine gute Freunde des kleinen Pinguins? Verhalten sie sich richtig? Was könnten sie noch tun?

Der kleine Pinguin macht so viel Geheul, dass die Taube mit Riesenschritten herbeikommt.
- Warum ist die Taube so genervt?
- Welche Stimmung herrscht auf der Arche? Was ist wohl der Grund dafür?
- Braucht die Taube Hilfe? Von wem könnte sie diese bekommen?
- War es richtig, die Taube zu belügen?

Hinweise zu den Kopiervorlagen

KV Seite 38

Die Arche

Die Pinguine werden von der Taube in ihren Raum im Bauch der Arche geführt. Die Aufgaben dienen der Überprüfung des Textverständnisses im Hinblick auf das Aussehen der Arche und die Gründe dafür, warum sich die Pinguine darauf nicht wohlfühlen.

Lösung

Aufgabe 1:

Richtige Aussagen:
Die Arche ist ein enorm großes Schiff.
Gott hat Noah empfohlen, Tannenholz zu verwenden.
Noah hat die Arche mit Teer bestrichen, damit kein Wasser eindringen kann.
Die beiden Pinguine laufen mit der Taube durch endlos lange Gänge.
Sie müssen immer wieder steile Stufen hinuntersteigen.
Der Raum der Pinguine ist ziemlich dunkel.
Von der Decke baumelt eine Glühbirne, die einen schwachen Strahl verbreitet.
Es knackt und knarrt an allen Ecken.

Aufgabe 2:

Lösungswort: Sintflut

Aufgabe 3:

1. Der Gestank des Teers ist für sie kaum auszuhalten.
2. Sie haben sich die Arche anders vorgestellt: mit Buffet, Liegestühlen, Pool an Deck und Gymnastikangeboten.
3. Sie fragen, was sie die ganze Zeit machen sollen.

KV Seite 39

Ein ohrenbetäubender Lärm

In der Lektüre werden zahlreiche Tiere genannt, die sich auf der Arche befinden. Beim Ablegen der Arche wachen sie auf und geben Schreie von sich. Mithilfe des Textes ordnen die Kinder den Tieren, die sie zuvor nach dem Abc sortiert haben, die passenden Laute zu. In diesem Zusammenhang bietet es sich an, weitere Tiere (außer den Pinguinen und der Taube), die sich ebenfalls auf der Arche befinden und die bereits genannt wurden, zu sammeln: Schildkröten, Löwen, Klapperschlangen, Antilopen, Spechte, Ameisen, Kängurus. Später werden noch die Giraffen und der Pfau genannt.

Lösung

Aufgabe 1:

der Affe kreischt, der Bär brüllt, der Elefant trompetet, der Frosch quakt, die Gans schnattert, der Hahn schreit, das Huhn gackert, der Hund bellt, die Katze miaut, das Käuz-

chen ruft, die Kuh muht, das Nilpferd rülpst, das Pferd wiehert, das Schaf blökt, die Schlange zischt, das Schwein grunzt, der Wolf heult, die Ziege meckert
(Anmerkung: Hahn und Huhn gehören als Paar zusammen.)

Aufgabe 2:
Das Reh gibt keinen Laut von sich, sondern schweigt.

KV Seite 40

Schuldig?

Die Kinder finden zuerst die Gründe dafür, warum sich der kleine Pinguin die Schuld an der Sintflut gibt. Wie fühlt er sich deshalb? Schließlich formulieren sie Sätze, mit denen die beiden großen Pinguine ihn zu trösten versuchen. An dieser Stelle kann auf die Ironie verwiesen werden, dass die Pinguine hier das Gegenteil von dem behaupten, was sie in dem Streitgespräch zuvor (S. 16 / 17) gesagt haben. Dort hieß es noch: „Gott (…) sieht alles.“ – „Gott (…) vergisst nie, einen Pinguin zu bestrafen, der sich nicht an die Regeln gehalten hat.“ Dadurch entsteht der Eindruck, dass weniger aus tiefer Überzeugung, sondern jeweils so argumentiert wird, wie es dem Sprecher gerade „in den Kram passt“ – eine Verhaltensweise, die auch bei Menschen hin und wieder anzutreffen ist …

Das Gespräch zwischen den drei Pinguinen können die Kinder im Rollenspiel oder mit ihren Stabpuppen nachspielen.

Lösung
Aufgabe 1:
Ich bin schuld, weil ich gesagt habe, dass es keinen Gott gibt.
Außerdem habe ich den Schmetterling abgemurkst.
Ich habe über die ganze Welt Unglück gebracht.

Aufgabe 2:
Er ist traurig und weint.
Er hat ein schlechtes Gewissen.
Er fühlt sich hilflos.
Es geht ihm schlecht.

Aufgabe 3:
Mögliche Lösungen: Gott hat nicht gehört, dass du gesagt hast, es gibt keinen Gott. Gott hat schon längst vergessen, dass du den Schmetterling abgemurkst hast. Gott hat überhaupt nicht hingeguckt, als du den Schmetterling abgemurkst hast. Es war von dir keine Absicht, dass du dich auf den Schmetterling gesetzt hast. Der Schmetterling ist gar nicht tot.

KV Seite 41

Die genervte Taube

Die Taube erzählt den beiden Pinguinen von ihren Sorgen und Problemen auf der Arche. Dieses Gespräch zwischen den beiden Pinguinen und der Taube können die Schüler mit ihren Stabpuppen nachspielen.

Lösung
Aufgabe 1:

Könnt ihr euch nicht	nicht neben den Löwen schlafen.
Ich habe schon	keine große Hilfe.
Die beiden Antilopen wollen	wie normale Tiere benehmen?
Die beiden Spechte klopfen	genug um die Ohren.
Die Ameise hat	Löcher in den Schiffsboden.
Und Noah ist	„Mach dies, mach das, los, Beeilung!“
Er sagt immer nur:	ihren Partner verloren und sucht ihn überall.

Aufgabe 2:
Pinguine schrumpfen leicht.
Seine Stimme klingt anders durch den Hunger.

Weiterführende Anregung
Die Kinder können sich weitere Probleme überlegen, die die Taube mit den Tieren auf der Arche hat bzw. die Tiere untereinander haben. Wenn sie ihrer Fantasie freien Lauf lassen, entstehen dabei sicher lustige Ideen, die sie aufschreiben und der Klasse vortragen.

Das Leben auf der Arche
Seite 51, 3. Absatz – Seite 70, 1. Absatz

Inhalt

Inzwischen ist die Arche Noah schon vierzig Tage unterwegs. Der kleine Pinguin muss ganz plötzlich an zu Hause denken und beginnt zu singen. Die beiden anderen stimmen in den Gesang mit ein. Sie werden immer lauter und übermütiger, sodass plötzlich die Taube kommt und sich über den Lärm beschwert. Die Taube bemerkt nicht, dass drei statt zwei Pinguine vor ihr stehen, und ist kurz danach schon wieder weg.

Doch die Taube kommt zurück. Der kleine Pinguin springt schnell in den Koffer und schlägt den Deckel zu. Die Taube will nun doch drei Pinguine gesehen haben. Die beiden großen Pinguine haben Verständnis für die verzweifelte Taube, die über den Sinn der Sintflut nachdenkt. Da hört sie plötzlich eine Stimme aus dem Koffer, der ihr von Anfang an verdächtig vorkam. Als sie endlich wissen will, was in dem Koffer ist, antwortet die Stimme: „Gott." Die Taube führt einen langen Dialog mit dem kleinen Pinguin als „Gott" im Koffer, bis sie es merkwürdig findet, dass Gott sich einen Käsekuchen wünscht. So öffnet die Taube schließlich den Deckel des Koffers und sagt empört: „Gott ist doch kein Pinguin!" Sie will nun Noah persönlich von dem Schwindel erzählen und kündigt den Pinguinen eine fürchterliche Strafe an.

Gesprächs- und Schreibanlässe

Die Taube ist mit den Nerven völlig am Ende, als sie in die Kabine der drei Pinguine stürmt.
- Warum geht es der Taube so schlecht?
- Mit welchen Verben wird beschrieben, wie die Taube spricht? (laut schreien, losbrüllen, aufbrausen)
- Warum bemerkt die Taube zuerst nicht, dass sich in der Kabine drei Pinguine befinden?
- Wie hat sich im Laufe der Sintflut die Gefühlslage der Taube verändert? (Zuerst dachte sie, es wäre eine Reise ins Glück, doch jetzt hat sie keine Hoffnung mehr und ist sehr enttäuscht.)

Der kleine Pinguin im Koffer unterhält sich als „Gott" mit der Taube.
- Zunächst glaubt die Taube nicht, dass sich Gott im Koffer befindet. Wie überzeugt „Gott" die Taube von sich?
- Warum zögert die Taube den Koffer zu öffnen, obwohl sie nicht wirklich glauben kann, dass Gott sich darin befindet?
- Wie empfindet es die Taube dann, mit „Gott" zu sprechen, und was tut sie?
- Die Taube berichtet „Gott", dass sie auf ihn wütend war. Warum war sie wütend?
- Was ist eine Katastrophe? Kann die Sintflut als Katastrophe bezeichnet werden?
- Was verspricht die Taube „Gott"?
- Welchen Wunsch hat „Gott"?

Die beiden anderen Pinguine versuchen, das Gespräch zwischen „Gott" und der Taube zu verhindern bzw. zu beenden.
- Was tun sie zu Beginn des Gesprächs?
- Warum packen sie die Taube und wollen sie Richtung Tür ziehen, als „Gott" davon spricht, dass er mit der Sintflut etwas überreagiert hat?
- Als „Gott" sich einen Käsekuchen wünscht, wollen sie das Gespräch beenden. Welche Gründe nennen sie dafür?

Schließlich öffnet die Taube den Koffer und entdeckt darin den kleinen Pinguin.
- Wie fühlt sich die Taube wohl in diesem Moment?
- Kann Gott jede Gestalt annehmen?
- Warum ist sich die Taube sicher, dass der Pinguin nicht Gott ist?
- Kann man der Taube glauben, wenn sie sagt, dass sie keine Sekunde lang an diesen Schwindel geglaubt hat? Warum eher nicht?
- Die Taube will Noah die Geschichte von den drei Pinguinen erzählen und droht eine Strafe an. Welchen Sinn soll die Strafe haben?
- Die Taube sagt, dass mit solchen Pinguinen auf der Arche „kein langes Federlesen" gemacht werde. Was bedeutet diese Redewendung? (gleich zur Sache kommen, keine Rücksicht nehmen, keine großen Umstände machen, beherzt vorgehen)

Nachdem die Taube weg ist, unterhalten sich die drei Pinguine über das Gespräch zwischen „Gott" und der Taube.
- Hätte die Taube wirklich merken können, dass Gott nicht im Koffer ist? Warum? Woran?
- Macht Gott Fehler? Würde Gott einen Fehler zugeben?
- Ist es ein Verbrechen, dass der kleine Pinguin so getan hat, als wäre er Gott? Warum? Warum nicht?
- Inwiefern könnte das Warten auf die Strafe bereits die Strafe sein?

Hinweise zu den Kopiervorlagen

KV Seite 42

Heimat

Versuchen Sie zunächst gemeinsam mit den Schülern eine Klärung des Begriffs Heimat. Ist die Heimat identisch mit dem Zuhause? Wo liegt evtl. der Unterschied? Was bedeutet den Kindern ihr Zuhause bzw. ihre Heimat? Lassen Sie die Schüler den Satzanfang „Heimat ist für mich da, wo ..." ergänzen, z. B. so: „Heimat ist für mich da, wo meine Familie ist. Heimat ist für mich da, wo ich mich sicher und geborgen fühle. Heimat ist für mich da, wo Frieden herrscht." Diese Sätze können auf Wortkarten im Klassenzimmer oder im Schulhaus aufgehängt werden.

Im Anschluss daran bearbeiten die Kinder die Kopiervorlage und betrachten genauer, wie sich die Pinguine an ihre Heimat erinnern. Dabei sollte auch angesprochen werden, dass sich ihre Erinnerung deutlich von dem unterscheidet, was auf den ersten Seiten des Buchs beschrieben wurde.

Beim Fortsetzen des Liedes können die Kinder die für sie wichtigen Aspekte des Heimatbegriffs einbringen. Alternativ können sie aber auch ein neues Gedicht (mit oder ohne Reim) zum Thema Heimat verfassen. Die Kinder begleiten ihr Lied/Gedicht mit Rhythmusinstrumenten.

Lösung

Aufgabe 1:

Die Landschaft: Alles war weiß mit Schnee und Eis und glitzerte.

Das Leben: Sie kuschelten sich gemütlich aneinander. Man wusste immer genau, was als Nächstes passieren würde. Nämlich nichts. Das war beruhigend.

Aufgaben 2 und 3:

individuelle Lösungen

KV Seite 43

Schon vierzig Tage

Dieses Kreuzworträtsel dient der Überprüfung des Textverständnisses der Buchseiten 51 bis 56. Die Schüler lösen das Rätsel in Einzel-, Partner- oder Gruppenarbeit.

Lösung

Aufgabe 1:

							↓									
1.				N	A	C	H	T								
2.		E	W	I	G	K	E	I	T							
3.						H	I	L	F	E						
4.		N	A	C	H	T	M	Ü	T	Z	E					
5.						T	A	N	Z	E	N					
6.	G	E	S	I	C	H	T									
7.				V	E	R	A	N	T	W	O	R	T	U	N	G
8.					K	A	B	I	N	E						
9.			F	L	Ü	G	E	L								
10.					D	A	N	K								
11.							D	R	E	I						

Aufgabe 2:

Lösungswort: Heimatabend

KV Seite 44

Gott im Koffer

Auf dieser Kopiervorlage sind die zentralen Sätze aus der Lektüre, die etwas über Gott aussagen, zusammengefasst. Sie können mit den Schülern über folgende Fragen diskutieren:

- Wer ist Gott?
- Welche Vorstellung hast du von Gott?
- Welche Eigenschaften hat Gott?
- Was bedeutet dir Gott? Spielt er in deinem Leben eine Rolle?
- Wie kann man seine Liebe zu Gott zeigen?

Alle Kinder, die denselben Satz ausgewählt haben, finden sich zu Kleingruppen zusammen. Gemeinsam erarbeiten sie einen kurzen Text, warum sie den Satz interessant finden und was er im Hinblick auf ein Leben mit Gott bedeuten könnte. Selbstverständlich können auch unterschiedliche Sichtweisen herausgearbeitet werden. Die Kinder notieren auf Plakaten Stichworte, die beim anschließenden Vortrag helfen.

Die Fragen, die die Kinder Gott gerne stellen würden, können auch auf Notizzettel geschrieben und eingesammelt werden. Gemeinsam werden die Fragen diskutiert und mögliche Antworten gefunden.

Weiterführende Anregung

Das Gespräch zwischen Gott im Koffer und der Taube (S. 58–66) kann in vier kürzere Abschnitte aufgeteilt werden: An Gott glauben (S. 58/59), Gott sehen und erblinden (S. 60–62), Wut auf Gott (S. 62–64), Gott lieben (S. 64–66). Die Kinder lesen jeweils einen Abschnitt mit verteilten Rollen (Taube, „Gott", ggf. große Pinguine und Erzähler). Dafür empfiehlt es sich, den Text zu kopieren und in den Kopien die Rollentexte verschiedenfarbig zu markieren. In Kleingruppen können die Kinder die Szenen auch nachspielen.

KV Seite 45

Käsekuchen

Der kleine Pinguin wünscht sich als Gott einen Käsekuchen. Die Kinder formulieren anhand der Stichpunkte auf dem Arbeitsblatt die Backanleitung in ganzen Sätzen.

Dieses Käsekuchenrezept ist schnell und einfach umsetzbar. So können Sie den Teig im Klassenzimmer gemeinsam herstellen und den Kuchen anschließend in einem Herd backen. Damit der Teig im Herd nicht allzu hoch steigt, kann man die Springform nach ca. 60 Minuten mit einem Stück Backpapier abdecken. Dann wird die Bräunung des Kuchens auch nicht so stark.

Lösung

1. Gib zuerst Butter, Zucker, Vanillezucker und Eier in eine Schüssel und schlage die Mischung mit dem Rührgerät schaumig.
2. Füge dann das Puddingpulver und das Backpulver hinzu und rühre es gut unter.
3. Gib zum Schluss den Quark dazu und rühre ihn kurz unter.
4. Fülle die Quarkmasse in eine gebutterte und bemehlte Springform und streiche sie glatt.
5. Backe den Kuchen 90 Minuten bei 175 Grad Umluft.
6. Nimm den Kuchen aus dem Ofen und lasse ihn auskühlen. Löse ihn dann vorsichtig aus der Form.

KV Seite 46

Die Strafe
Auf dieser Kopiervorlage steht die Strafe als Folge eines falschen Verhaltens im Mittelpunkt der Betrachtung. Überlegen Sie gemeinsam mit den Kindern, in welchen Situationen es im Alltag oder im Schulleben Strafen gibt. Was sollen Strafen bewirken? Sind Strafen wirklich notwendig? Welche Alternativen gibt es? Bestraft Gott die Menschen?

Besprechen Sie, ob die Kinder es richtig finden, dass die Pinguine für ihr Verhalten bestraft werden sollen. Welche Strafe könnten die Pinguine bekommen und welche Strafe wäre angebracht?

Klären Sie, was der Satz „Das Warten auf die Strafe ist die Strafe" bedeutet: Die Pinguine warten und grübeln über die angedrohte Strafe nach. Dadurch, dass die Strafe nicht eintritt, bleiben Ungewissheit und Angst bestehen. Mit einer Strafe soll normalerweise das Nachdenken über das eigene Handeln angeregt werden. Wenn das Warten die Strafe ist, wurde genau das erreicht: Die Pinguine denken über ihr Tun nach.

Lösung
Aufgabe 1:
Die Strafe wird fürchterlich werden!

Aufgabe 2:
Die Pinguine warten und grübeln über die Strafe nach.
Das Warten kommt ihnen wie eine Ewigkeit vor.
Möglicherweise kommt die Strafe nie.

Aufgabe 3:
Das Warten auf die Strafe ist die Strafe.

Nach der Sintflut
Seite 70, 2. Absatz – Seite 86

Inhalt

Plötzlich gibt es wieder einen Ruck, der alle Tiere aufschreien lässt. Die Taube kommt mit einem Ölzweig in die Kabine der Pinguine und verkündet das Ende der Sintflut. Alle Tiere haben das Schiff bereits verlassen. Doch mit der Zweierreihe gibt es Probleme: Die Pinguine sind zu dritt und die Taube stellt (endlich) fest, dass sie für sich keinen Partner mit an Bord genommen hat. Da hat der kleine Pinguin eine Idee, sodass schließlich zwei Pinguine und danach zwei Tauben – eine mit einem Schleier verhüllt, die andere mit einem Zylinder auf dem Kopf – die Arche verlassen. Die beiden Pinguine erklären Noah, dass sich die beiden Tauben an Bord kennengelernt und inzwischen geheiratet hätten. Als die vier schon an Noah vorbeigegangen sind, ruft er die Taube noch einmal zurück. Diese erwartet ein Donnerwetter, weil sie alles falsch gemacht hat, doch Noah möchte sich bei ihr für ihre Leistungen auf der Arche bedanken. Er wundert sich nur, warum die Taube die Pinguine an Bord genommen hat, da sie doch gute Schwimmer sind. Noah berichtet, dass Gott versprochen hat, nie wieder eine Sintflut zu schicken und niemanden mehr zu bestrafen. Nachdem dann die Taube den Pinguinen noch klargemacht hat, dass Noah nicht Gott ist, fällt sie vor Erschöpfung in einen tiefen Schlaf. Noah erklärt den Pinguinen, dass sich jeder Gott vorstellen kann, wie er will. Als versöhnliches Zeichen lässt Gott am Horizont einen Regenbogen erscheinen.

Von diesem Tag an sind der kleine Pinguin und die Taube nicht mehr voneinander zu trennen – auch wenn andere behaupten, dass Gott so eine Verbindung nicht gewollt hätte.

Gesprächs- und Schreibanlässe

Im Auftrag Noahs ist die Taube losgeflogen, um zu schauen, ob irgendwo Land ist. Sie kommt mit einem Ölzweig im Schnabel zurück.

- Findet heraus, von welcher Pflanze der Ölzweig stammt. (Vom Olivenbaum, der auch Echter Ölbaum genannt wird.) Könnt ihr vielleicht eine Olivenpflanze anschauen? Wie sehen die Blätter aus?
- Welche Bedeutung hat der Ölzweig für die Menschen und Tiere auf der Arche? (Der Ölzweig steht für die gute Botschaft, dass die Sintflut zu Ende ist.)
- Bereits seit der Antike gilt der Ölzweig als Symbol des Friedens. Findet heraus, wofür Ölzweige bei den antiken olympischen Spielen verwendet wurden. (Der Sieger erhielt einen Kranz aus Ölzweigen.)

Der kleine Pinguin verkleidet sich als Taube, damit zwei Pinguine und zwei Tauben von Bord gehen können.

- War die Verkleidung des kleinen Pinguins nötig?
- Was wäre vermutlich passiert, wenn die Pinguine und die Taube ihre Probleme ehrlich zugegeben hätten?

Als Noah die Taube zu sich ruft, hat sie ein schlechtes Gewissen, weil sie glaubt, alles falsch gemacht zu haben.

- Was hat die Taube ihrer Meinung nach alles falsch gemacht?
- Was hätte sie besser/anders machen können?
- Warum hat sie sich auf der Arche so verhalten?
- Hat die Taube auch etwas richtig gemacht? Was?
- Wie fühlt sie sich, als Noah sie zu sich ruft?

- Hast du auch schon einmal einen Fehler gemacht und deshalb ein schlechtes Gewissen gehabt? Wie hast du dich dabei gefühlt? Wie hast du die Sache geklärt?

Noah bedankt sich bei der Taube für ihre Arbeit auf der Arche.
- Wieso bedankt sich Noah erst jetzt bei der Taube?
- Für was konkret bedankt sich Noah?
- Wie reagiert die Taube auf den Dank?
- In welchen Situationen bedankt man sich? Nenne einige Beispiele.
- Wie kann man sich bedanken?
- Wem würdest du gerne einmal Danke sagen? Warum?

Die Pinguine fragen sich: „Wenn es keinen Gott gibt, warum reden wir dann so viel über ihn?“
- Was meinst du dazu?
- Warum glauben Menschen an Gott?
- Kann auch ein Leben ohne Gott Sinn machen? Welche Alternativen gibt es?

Hinweise zu den Kopiervorlagen

KV Seite 47

Probleme
Die Sintflut ist zu Ende und die Tiere verlassen die Arche in Zweierreihen. Besprechen Sie, welchen Sinn eine Zweierreihe hat. Dabei können Sie auch auf Situationen im Alltag der Schüler eingehen. Was fällt der Taube in diesem Zusammenhang endlich auf? Lassen Sie die Schüler Vermutungen anstellen, wie die drei Pinguine und die Taube das Problem Zweierreihe lösen könnten.

Lösung
Aufgaben 1 und 2:
Endlich habe ich diesen Ölzweig gefunden. Die Flut ist vorbei. Das Wasser ist gesunken. Die Erde ist wieder trocken. Ihr könnt an Land. Alle Tiere müssen in Zweierreihen von der Arche heruntermarschieren.

Aufgabe 3:
Die Pinguine sind zu dritt, einer ist zu viel.
Die Taube hat ihren Partner vergessen, eine Taube ist zu wenig.

KV Seite 48

Das Verlassen der Arche
Die Pinguine und die Taube verlassen als letzte Tiere die Arche. In der ersten Aufgabe wird das Textverständnis überprüft. In der zweiten Aufgabe sollen die Kinder die Beschreibung der Tauben ergänzen.

Lösung
Aufgabe 1:
Sie müssen sich erst einmal an das Tageslicht gewöhnen.
Die Sonne scheint.
Der Himmel ist strahlend blau.
Vorsichtig watscheln die beiden Tiere die Stufen der Gangway hinunter.

Aufgabe 2:

Die linke Taube ...	Die rechte Taube ...
... ist dick und weiß.	... ist einen Kopf größer (...)
... hat sich in einen schwarzen Frack gepresst, der unter ihren Flügeln stark spannt.	... ist von Kopf bis Fuß mit einem dichten weißen Schleier verhüllt (...)
... trägt auf dem Kopf einen schwarzen Zylinder.	... stolpert unbeholfen die Stufen der Gangway hinunter.

KV Seite 49

Die schuldbewusste Taube
Auf der Kopiervorlage werden alle Dinge aufgelistet, die die Taube selbst als Fehler sieht bzw. die sie auf der Arche entgegen den Regeln toleriert hat. Nachdem die Kinder die richtigen Sätze identifiziert haben, können Sie gemeinsam überlegen, welche der Dinge, die die Taube gemacht hat, als „schlimm“, „weniger schlimm“ oder „gar nicht schlimm“ einzustufen sind.

Lösung
Aufgabe 1:
Die folgenden Sätze stimmen:
Sie hat nicht die richtigen Tiere auf die Arche bestellt.
Sie hat ständig herumgebrüllt.
Sie hat zugelassen, dass die Pinguine einen Koffer mit an Bord nehmen.
Sie hat heimlich Reiseproviant an Bord genommen.
Sie hat mit den Klapperschlangen Karten gespielt.
Sie ist auf der langen Fahrt einmal kurz eingenickt.
Sie hat den Pinguinen Kekse geschenkt.
Sie hat geglaubt, dass sich Gott in einem Koffer befindet.
Als endlich Land in Sicht war, hat sie nur einen lumpigen Ölzweig gefunden.
Sie hat eine zweite Taube vergessen.
Sie hat einen Pinguin als Taube verkleidet.
Sie hat Noah für so dumm gehalten, dass er auf den Schwindel mit der zweiten Taube hereinfällt.

Aufgabe 2:
Die Taube erwartet ein DONNERWETTER.

KV Seite 50

Noah

Am Ende der Sintflut sehen die Pinguine Noah zum ersten Mal. Noah berichtet von Gott und die Pinguine glauben zuerst, er selbst wäre Gott. Die Kopiervorlage dient der Überprüfung des Textverständnisses, zugleich werden wichtige Aussagen über Gott zusammengefasst. Besprechen Sie anschließend mit den Schülern, wie sie sich Gott vorstellen.

Lösung
Aufgabe 1:
individuelle Lösungen

Aufgabe 2:
Die Pinguine glauben, dass Noah Gott ist, weil er so aussieht, wie man sich Gott meistens vorstellt: ein alter Mann mit einem langen weißen Bart. Noah sagt viele Dinge, die man so auch von Gott erwarten würde.

Aufgabe 3:
Gott hat hoch und heilig versprochen, dass es nie wieder eine Sintflut gibt.
Gott weiß, dass sich niemand verändert, Menschen ebenso wenig wie Tiere. Es wird immer Streit geben.
Gott hat versprochen, niemanden mehr zu bestrafen.
Der Regenbogen ist ein Zeichen von Gott.

Aufgabe 4:
Gott ist kein Mann und keine Frau. Ihr könnt euch Gott vorstellen, wie ihr wollt. Er ist überall, in jedem Menschen, in jedem Tier, in jeder Pflanze.

KV Seite 51

Ein Zeichen von Gott

Der Regenbogen ist nach Noahs Worten ein Zeichen von Gott und damit ein Zeichen für den Frieden zwischen Gott und den Lebewesen auf der Erde. Überlegen Sie gemeinsam, was dieses Versprechen von Gott wohl für die Menschen und ihr Verhalten bedeutet.

Die Schüler können zur Frage „Was bedeutet für dich Frieden?“ ihre Gedanken und Gefühle zusammentragen. Wenn sie diese auf Wolken aus Pappkarton schreiben, können sie im Klassenzimmer aufgehängt werden.

Lösung
Aufgabe 1:
Die Pinguine halten den Regenbogen für eine noble Geste von Gott. Sie finden es sehr anständig, dass er zugibt, einen Fehler gemacht zu haben.

Aufgabe 2:
individuelle Lösungen

KV Seite 52

Der Regenbogen

Auf dieser Kopiervorlage steht die physikalische Erklärung für die Entstehung eines Regenbogens im Mittelpunkt. Die Schüler malen den Regenbogen in den entsprechenden Farben aus. Wenn Sie tiefer in das Thema einsteigen möchten, empfehlen sich weitere Versuche zu Licht und Farben. Mithilfe eines dreieckigen Glasprismas kann man Licht in das Farbspektrum zerlegen. Bei der additiven Farbmischung entsteht aus den Grundfarben Rot, Grün und Blau weißes Licht.

KV Seite 53

Ein neues Leben

Besprechen Sie mit Ihren Schülern, wie sich die Hauptfiguren am Ende der Geschichte fühlen. Durch das Umstellen der Satzglieder entstehen dazu passende Sätze. Diskutieren Sie gemeinsam die Frage: Gibt es Gott nun oder nicht? Dabei können Sie auf Spuren Gottes eingehen, die man im alltäglichen Leben finden kann, z. B.: Ich habe endlich einen Freund gefunden. Meine kleine Cousine ist ein Geschenk Gottes. In der Natur kann man Gott entdecken. In der Kirche kann man Gott spüren.

Lösung
Aufgabe 1:
Noah hat sich bei der Taube bedankt.
Die beiden großen Pinguine wollen künftig immer brav sein.
Der kleine Pinguin hat seinen Schmetterling wiedergefunden.
Der kleine Pinguin und die Taube haben sich richtig lieb gewonnen.

Aufgabe 2:

Gründe, warum man an Gott zweifeln kann	Zeichen, in denen man Gott entdecken kann
Naturkatastrophe	Regenbogen
plötzlicher Tod	überstandene Krankheit
schwerer Unfall	besondere Menschen

Zum Abschluss

KV Seite 54

Zweimal Arche

Im Rückblick auf das Buch stellen die Schüler noch mal den Bezug zum Bibeltext (siehe KV „Die Geschichte von der Arche Noah“, S. 21) her. Sie finden heraus, welche Inhalte des Bibeltextes der Autor in seinem Buch übernommen hat. Außerdem sammeln die Schüler einige Wörter, die in der Lektüre vorkommen und eindeutig aus unserer Zeit stammen. Klären Sie in diesem Zusammenhang, dass diese Begriffe zwei Funktionen haben: Einerseits stellen sie Bezüge zu unserer heutigen Zeit und unseren Erfahrungen her, andererseits lockern sie die Geschichte mit lustigen Details auf. Schließlich werden die Schüler aufgefordert, ihre Meinung zu dem Buch zu äußern, und können durch eine offene Fragestellung loswerden, was ihnen sonst noch dazu in den Sinn kommt.

Lösung

Aufgabe 1:

Gott war von den Menschen enttäuscht. Gott gab Noah den Auftrag, eine Arche zu bauen. Noah baute eine Arche. Auf die Arche sollten von jeder Tierart zwei Tiere. Es regnete, bis alles Land verschwunden war. Die Flut dauerte vierzig Tage. Noah schickte eine Taube, die mit einem Ölzweig zurückkam. Gott versprach, nie wieder eine Sintflut über die Erde zu schicken. Als Zeichen dafür erschien am Himmel ein Regenbogen.

Aufgabe 2:

Beispiele: Ticket, Regenschirm, Gangway, Glücksspiel, Luxuskreuzfahrt, Glühbirne, Packung Kekse.

Aufgabe 3:

individuelle Antworten

Weiterführende Anregung

Die Schüler können sich Gedanken machen, wie die Geschichte mit den drei Pinguinen und der Taube weitergeht. Sie notieren Ideen oder formulieren ganze Episoden aus.

KV Seite 55/56

Einfühlspiel: Was glaube ich?

Dieses Spiel eignet sich zum Abschluss der Lektüre, da dabei nochmals philosophische und moralische Fragen angesprochen werden können. Indem sich die Schüler in ihre Mitschüler einzufühlen versuchen, setzen sie sich mit deren Meinungen auseinander. Die soziale Kompetenz Ihrer Klasse kann gestärkt werden. Hinweis: Kopieren Sie die Einfühlpinguine vor dem Ausschneiden dreimal.

Das neue Buch

Du hast ein neues Buch erhalten, das ihr als Klassenlektüre lesen werdet.

Die folgenden Informationen kannst du dem Umschlag entnehmen. Schreibe sie auf.

Titel des Buchs: ______

Autor: ______

Illustrator: ______

Verlag: ______

Inhalt in Stichworten: ______

______

______

______

Welche weiteren Vermutungen zum Inhalt hast du? Schreibe auf.

______

______

______

Welche Wünsche hast du an das Buch? Wie sollte es sein? Schreibe auf und begründe.

______

______

______

Name:

lesen **schreiben** **sprechen** malen/basteln rätseln backen

Die Geschichte von der Arche Noah

Die Geschichte von Noah und seiner Arche steht im Alten Testament in der Bibel.

Lies den folgenden Text.

Gott war von den Menschen sehr enttäuscht. Sie hatten ihn vergessen und führten ein schlechtes Leben. Deshalb beschloss er, alle Menschen und Tiere zur Strafe umkommen zu lassen. Eine große Flut, eine Sintflut, sollte die ganze Erde überdecken und alles Leben auslöschen.

Es gab aber einen Mann mit Namen Noah, der gerecht und gehorsam war. Ihn und seine Familie wollte Gott verschonen. Noah bekam von Gott den Auftrag, ein riesiges Schiff, eine Arche, zu bauen. Nachdem Noah die Arche vollendet hatte, ging er mit seiner Frau, seinen Söhnen und deren Frauen auf das Schiff. Außerdem nahm er – wie Gott es ihm befohlen hatte – von jeder Tierart ein Männchen und ein Weibchen mit auf die Arche.

Kurz danach begann es stark zu regnen: Das Wasser stieg, bis alles Land verschwunden war. Nur die Arche mit Noah, seiner Familie und den Tieren trieb auf dem Wasser. Die Flut dauerte vierzig Tage. Als der Regen aufhörte, schickte Noah eine Taube aus. Sie kehrte mit einem Ölzweig im Schnabel zur Arche zurück. Das war für Noah das Zeichen, dass das Wasser sank und das Land wieder auftauchte. Nun konnten die Menschen und die Tiere die Arche verlassen. Gott versprach, nie wieder eine Sintflut über die Erde zu schicken. Als Zeichen dafür ließ er einen großen Regenbogen am Himmel erscheinen.

(nach Genesis 6–9)

Lies den Text noch einmal und unterstreiche.
Grün: Warum ließ Gott eine Sintflut über die Erde kommen?
Blau: Wer war auf der Arche und überlebte dadurch die Sintflut?
Vergleiche anschließend deine Ergebnisse mit einem Partner.

Erkläre die beiden Begriffe mit eigenen Worten. Schreibe auf.

Sintflut: ____________________

Arche: ____________________

Name: ______________________

Pinguin-Lesezeichen

Bastle ein Pinguin-Lesezeichen.

- Male das Lesezeichen aus.
- Schreibe deinen Namen auf die Linie.
- Schneide das Lesezeichen an der gestrichelten Linie aus.
- Falte das Lesezeichen in der Mitte und klebe die beiden Hälften zusammen.

Mein Lesezeichen

____

An der Arche um Acht

Name:

lesen schreiben sprechen malen/basteln rätseln backen

Wissenswertes über Pinguine

Lies den Sachtext über Pinguine.

Pinguine sind Vögel, die nicht fliegen können. An Land watscheln sie etwas tollpatschig auf ihren zwei Beinen. Doch unter Wasser können sie mit ihren Flügeln schnell schwimmen und tauchen.

Pinguine leben ausschließlich auf der Südhalbkugel der Erde. Die meisten Arten gibt es in der Antarktis. Gegen die Kälte schützen sie eine dicke Fettschicht unter der Haut und ihr dichtes, wasserundurchlässiges Gefieder. Pinguine leben überwiegend im Wasser, wo sie Fische und Krebse jagen. Nur zur Brutzeit kommen sie an Land und bilden dann Gruppen, sogenannte Kolonien.

Der größte Pinguin der Welt ist der Kaiserpinguin. Er wird etwas über einen Meter groß und bis zu vierzig Kilogramm schwer. Sehr ähnlich sieht ihm der Königspinguin, der ein wenig kleiner und leichter ist. Diese beiden Arten brüten ihr Ei auf den Füßen aus.

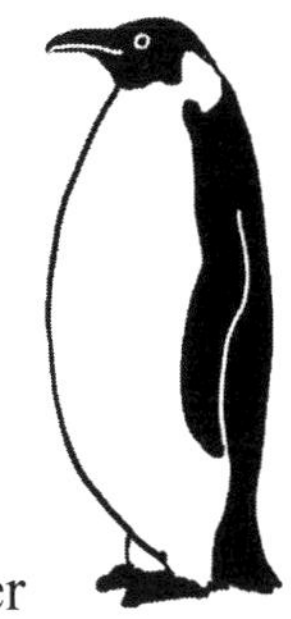

Der kleinste Pinguin ist der Zwergpinguin, der nur etwa vierzig Zentimeter hoch wird. Er lebt hauptsächlich in Neuseeland. Der Eselspinguin hat seinen Namen wegen seiner Stimme bekommen. Brillenpinguine haben eine Schwarz-Weiß-Zeichnung im Gesicht. Die meisten von ihnen sind in Südamerika und eine Art an der Südspitze Afrikas beheimatet.

Kreuze die richtigen Aussagen an.

- Pinguine gehören zu den Vögeln. ☐
- Pinguine sind sehr geschickte Läufer. ☐
- Pinguine können mit ihren Flügeln schnell schwimmen. ☐
- Pinguine findet man auf der Nord- und auf der Südhalbkugel der Erde. ☐
- Auf der Südhalbkugel ist es so warm, dass Pinguine oft schwitzen. ☐
- Pinguine ernähren sich von Fischen und Krebsen. ☐
- Der Eisbär ist ein gefährlicher Feind der Pinguine. ☐
- Zur Brutzeit sind Pinguine gern alleine. ☐
- Der größte Pinguin ist der Kaiserpinguin. ☐
- Der Königspinguin brütet sein Ei unter den Füßen aus. ☐
- Pinguine gibt es auch in Südamerika, Südafrika und Neuseeland. ☐

Name: ______________________

Steckbrief Pinguin

Hier findest du einige Pinguinarten:

Kaiserpinguin | Königspinguin | Zwergpinguin | Brillenpinguin

Felsenpinguin | Gelbaugenpinguin | Eselspinguin

Wähle eine Pinguinart aus und fülle für sie den Steckbrief aus.
Sammle Informationen in Tierlexika, Sachbüchern oder im Internet.
Zeichne ein passendes Bild.

Name der Pinguinart:

____

Größe: ______________________

Gewicht: ______________________

Lebensraum: ______________________

Aussehen: ______________________

Nahrung: ______________________

Feinde: ______________________

Was ich sonst noch weiß: ______________________

____

____

____

____

____

Stelle den Steckbrief deinen Mitschülern vor.

Name:

Pinguin-Stabpuppe

Bastle eine Pinguin-Stabpuppe.

- Schneide den Pinguin an der gestrichelten Linie aus.
- Klebe auf der Rückseite einen Schaschlikspieß mit durchsichtigem Klebeband fest.

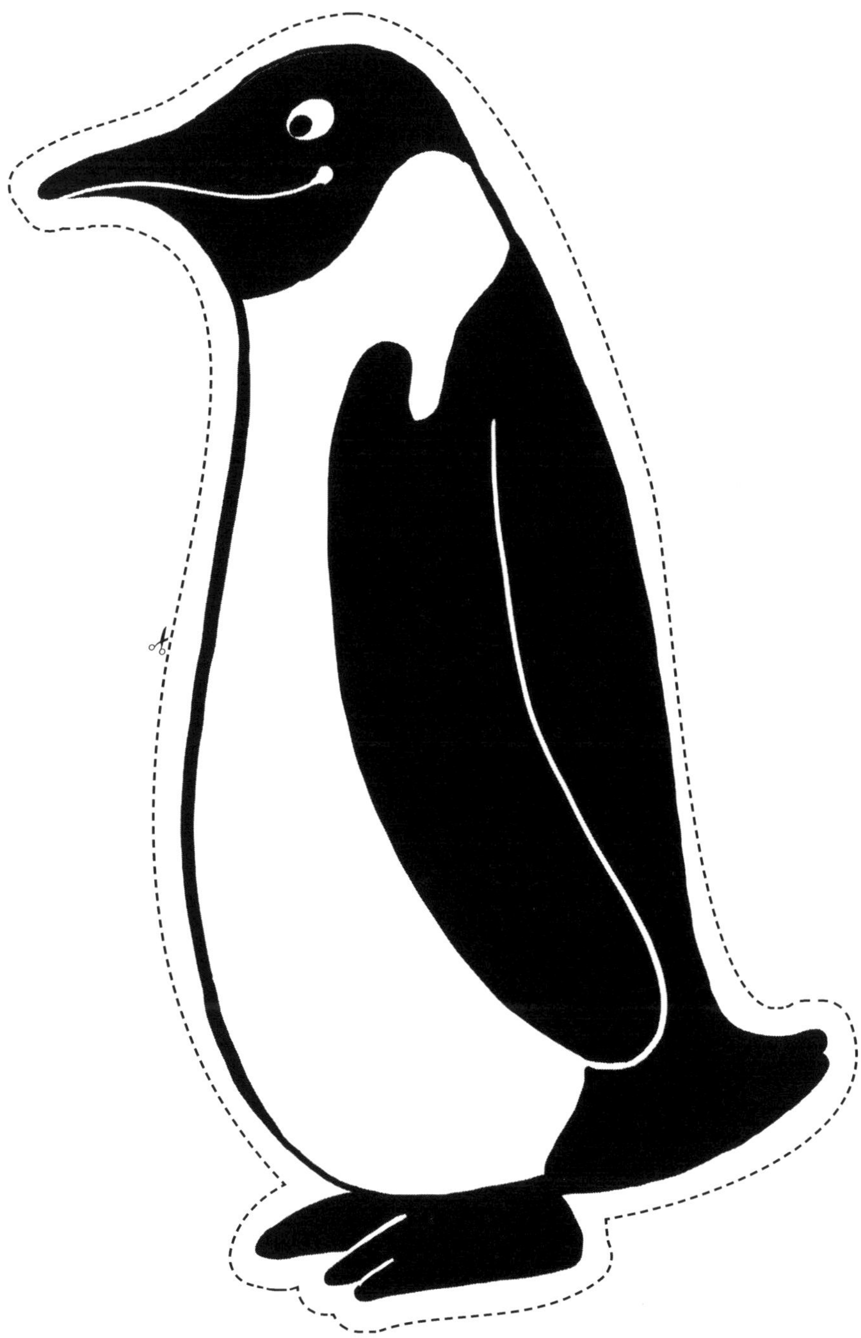

Name:

lesen **schreiben** **sprechen** malen/basteln rätseln backen

Wenn drei sich streiten ...

Tipp: Lies auf den Seiten 8 und 9 nach.

Die drei Pinguine streiten sich. Schreibe in die Sprechblase, was der kleine Pinguin sagt.

Was tut der kleine Pinguin? Was passiert dann?

____

____

Die drei Pinguine sind eigentlich Freunde. Warum streiten sie sich trotzdem oft? Schreibe auf.

____

Worüber könnten sich die Pinguine sonst streiten? Schreibe deine Ideen auf.

____

____

Suche dir zwei Partner und spielt einen Streit zwischen den drei Pinguinen mit euren Stabpuppen nach.

Name:

lesen **schreiben** sprechen malen/basteln rätseln backen

Der Schmetterling

Plötzlich flattert ein Schmetterling um die Köpfe der Pinguine herum.

Tipp: Lies auf den Seiten 9 und 10 nach.

Was machen die Pinguine? Ergänze.

Sie machen ______________________________

Sie klatschen ______________________________

Sie watscheln ______________________________

____

So etwas ______________________________

Was ist der Grund für dieses ungewohnte Verhalten der Pinguine?

____

Der kleine Pinguin nennt verschiedene Gründe, warum er den Schmetterling töten möchte. Verbinde.

„Aber ich will den jetzt abmurksen“, bettelt der Kleine.

„Weil Gott sich mit diesem Schmetterling mehr Mühe gegeben hat, weil er mit seinen Flügeln fliegen kann, wohin er will, das ist ungerecht.“

„Da bin ich aber mal gespannt, ob ich von Gott bestraft werde“, kichert der Kleine.

„Ich bin eben ein schlechter Pinguin. So war ich schon immer. Dagegen kann ich nichts machen.“

Neugier | Trotz | „Einfach so.“ | Neid

Name:

lesen **schreiben** **sprechen** malen/basteln rätseln backen

Wer ist eigentlich Gott?

Die drei Pinguine haben sehr unterschiedliche Vorstellungen von Gott.

Was sagen die beiden großen Pinguine? Was sagt der kleine Pinguin? Male aus: Aussagen der beiden großen Pinguine blau, Aussagen des kleinen Pinguins grün.

Gott ist groß und sehr, sehr mächtig.

Gott hat mich eben als schlechten Pinguin gemacht.

Gott sieht alles.

Gott hat sich jede Menge Regeln ausgedacht.

Gott hat sich mit dem Schmetterling mehr Mühe als mit uns Pinguinen gegeben.

Gott hat unheimlich gute Ohren.

Gott ist sehr freundlich.

Gott ist unsichtbar.

Gott beobachtet uns genau.

Ich glaube, Gott gibt es überhaupt nicht.

Gott steht am Himmelstor und entscheidet, wer in den Himmel darf und wer nicht.

Gott hat alles gemacht.

Gott bestraft, wenn man sich nicht an seine Regeln hält.

Gott hat unheimlich gute Augen, er sieht alles.

Gott hat auch uns Pinguine geschaffen.

Gott hat ein hervorragendes Gedächtnis und vergisst nichts.

„Besonders viel ist Gott bei dieser Gegend nicht eingefallen.“
Was meint der kleine Pinguin damit? Sprich mit deinem Partner darüber. Schreibe auf.

Was glaubst du?

Die Pinguine reden darüber, wie Gott ist und was er macht.
Was glaubst du? Kreuze auf der linken Seite an.

‹ hier nach hinten umklappen

Meine Meinung Name:				Deine Meinung Name:		
Ich stimme zu.	Ich stimme nicht zu.	Ich weiß nicht.		Ich stimme zu.	Ich stimme nicht zu.	Ich weiß nicht.
			Gott ist groß und sehr, sehr mächtig.			
			Gott hat sich jede Menge Regeln ausgedacht.			
			Gott ist sehr freundlich.			
			Gott ist unsichtbar.			
			Gott hat alles gemacht.			
			Gott hat unheimlich gute Ohren.			
			Gott bestraft, wenn man sich nicht an seine Regeln hält.			
			Gott hat unheimlich gute Augen, er sieht alles.			
			Gott steht am Himmelstor und entscheidet, wer in den Himmel darf und wer nicht.			
			Gott hat ein hervorragendes Gedächtnis, er vergisst nichts.			
			Gott gibt es überhaupt nicht.			
			Gott beobachtet uns genau.			
			Gott marschiert am Himmelsrand herum.			

‹ hier nach hinten umklappen

Klappe deine Antworten an der gestrichelten Linie nach hinten um. Gib das Blatt jetzt einem Partner, der seine Meinung auf der rechten Seite ankreuzt. Sprecht über eure Ergebnisse.

Name:

lesen schreiben sprechen malen/basteln rätseln backen

Gottes Regeln

Ein großer Pinguin sagt, dass Gott sich jede Menge Regeln ausgedacht hat, an die man sich halten soll. Diese Regeln heißen „Zehn Gebote“ und stehen in der Bibel.

Verbinde jedes der Zehn Gebote mit dem passenden Satz, der erklärt, was es bedeutet und wie wir es heute noch verstehen können.

Die Zehn Gebote

1. Ich bin der Herr, dein Gott. Du sollst keine anderen Götter neben mir haben. •
2. Du sollst den Namen des Herrn, deines Gottes, nicht missbrauchen. •
3. Du sollst den Tag des Herrn heiligen. •
4. Du sollst deinen Vater und deine Mutter ehren. •
5. Du sollst nicht töten. •
6. Du sollst nicht die Ehe brechen. •
7. Du sollst nicht stehlen. •
8. Du sollst nicht falsch gegen deinen Nächsten aussagen. •
9. Du sollst nicht nach der Frau deines Nächsten verlangen. •
10. Du sollst nicht nach dem Hab und Gut deines Nächsten verlangen. •

- • Achte und schätze deine Eltern. Sage ihnen auch mal Danke, dass sie für dich da sind.
- • Zerstöre keine Freundschaften zwischen anderen Menschen.
- • Ich bin dein Gott und immer für dich da.
- • Sei ehrlich und erzähle keine Unwahrheiten.
- • Sei nicht neidisch auf andere.
- • Nimm mich ernst. Fluche nicht. Rede mit mir vertrauensvoll im Gebet.
- • Verletze und töte niemanden. Schade auch niemandem auf andere Weise.
- • Sei zufrieden mit dem, was du hast. Du musst nicht alles haben, was andere haben.
- • Nimm dir an Sonn- und Feiertagen Zeit für Gott. Nutze diese Tage auch, um zu entspannen und dich zu erholen.
- • Nimm nichts, was dir nicht gehört. Sei bereit, mit anderen zu teilen.

Name:

lesen **schreiben** **sprechen** malen/basteln rätseln backen

Freunde?

Eigentlich sind die drei Pinguine Freunde. Doch als die beiden großen Pinguine dem kleinen Pinguin sagen, dass er ein schlechter Pinguin ist, wird er trotzig.

Hat der kleine Pinguin recht?
Was meinst du dazu? Schreibe auf.

Warum watschelt der kleine Pinguin einfach davon? Kannst du ihn verstehen?
Was meinst du dazu? Schreibe auf.

Überlege: Hast du dich schon mal in einer ähnlichen Lage befunden?
Warst du auch so gekränkt? Wie hast du reagiert?

Sprecht in der Klasse darüber.

Name:

lesen **schreiben** sprechen malen/basteln rätseln backen

Die Taube

Eine dicke weiße Taube landet ungeschickt im Schnee.
Sie stellt sich breitbeinig vor den beiden Pinguinen auf.

Welche Aufgaben hat die Taube? Verbinde.

Sie überbringt •	• den Treffpunkt für die Abfahrt der Arche Noah.
Sie übergibt •	• eine Nachricht von Gott.
Sie nennt •	• die Tickets für die Arche Noah.

Als die beiden Pinguine von der Sintflut erfahren, wissen sie noch nichts von der Arche Noah. Welche Fragen gehen ihnen wohl als Erstes durch den Kopf?

____

____

____

Welchen Grund nennt die Taube, warum immer nur zwei Tiere jeder Art auf die Arche Noah dürfen? Welchen Grund gibt es dafür noch?

Grund 1: ______________________________

____

____

Grund 2: ______________________________

____

____

Name:

lesen **schreiben** sprechen malen/basteln rätseln backen

Gott hat die Geduld verloren

Tipp: Lies auf den Seiten 21 und 22 nach.

Warum hat Gott die Geduld verloren?

____

____

____

Was hat Gott deshalb vor? Ergänze die Sätze.

Ich lasse ______________________

Die Flüsse und Meere ______________________

Das Wasser soll ______________________

Und auch die Gipfel ______________________

Am Ende wird ______________________

Was will Gott mit der Sintflut erreichen?

____

____

Das Ticket

Die Taube überreicht jedem der beiden Pinguine ein Ticket für die Arche Noah. Gestalte ein eigenes Ticket. Wie sieht es aus? Male und schreibe.

Vorderseite

Rückseite

Was schärft die Taube den beiden Pinguinen zum Ticket ein? Löse das Rätsel.

	1	2	3	4
A	an	kommt,	Aber	wer
B	ertrinkt.	der	um	daran,
C	denkt	Acht,	zu spät	Arche

A3 **C1** **B4** **A1** **B2** **C4**

B3 **C2** **A4** **C3** **A2** **B1**

Zwei Pinguine

Tipp: Lies auf Seite 26 nach.

Welche Gedanken haben die beiden Pinguine?
Schreibe sie in die Denkblasen.

Welche der folgenden Adjektive passen zu den beiden Pinguinen?
Male aus: linker Pinguin blau, rechter Pinguin rot. Vier Adjektive passen nicht.

hochnäsig | faul | nachdenklich | überheblich | großzügig | ängstlich

egoistisch | ordentlich | gutmütig | unehrlich | fröhlich | schicksalsgläubig

Name:

lesen schreiben sprechen malen/basteln **rätseln** backen

Drei Pinguine

Tipp: Lies auf den Seiten 27 bis 30 nach.

Wer sagt was, als sich die drei Pinguine treffen? Verbinde.

Was passiert nach diesem Gespräch? Bringe die Sätze mit Zahlen von 1 bis 6 in die richtige Reihenfolge.

Die zwei Pinguine stopfen den Kleinen in den Koffer und schließen ihn.	
Der kleine Pinguin passt in keinen der beiden mitgebrachten Koffer.	
Plötzlich ballen die beiden großen Pinguine ihre Flügel zu kleinen Fäusten und versetzen dem Kleinen einen kräftigen Schlag auf den Schädel.	
Als die beiden Pinguine mit dem riesigen Koffer an der Arche eintreffen, ist es schon dunkel.	
Der Kleine verliert das Bewusstsein und merkt nicht, was mit ihm geschieht.	
Die beiden großen Pinguine besorgen einen größeren Koffer.	

An der Arche

Die beiden Pinguine kommen als Letzte an der Arche an. Warum? Schreibe in dein Heft.

Die Taube zählt die Regeln auf, die für die Arche Noah gelten. Ergänze den Lückentext.

Auf das Schiff darf nur ____________________ mitgenommen werden. Jedes verdächtige ____________________ muss geöffnet werden. Der Verzehr mitgebrachter ______________ und ______________ ist an Bord nicht gestattet. Jede Form von ____________________ ist auf der Arche Noah verboten.

Die Taube will den Koffer der Pinguine öffnen, weil sie wissen möchte, was darin ist. Schreibe auf. Nenne bei b) zwei Beispiele.

b) Mit welchen Erklärungen wollen die beiden Pinguine verhindern, dass die Taube den Koffer öffnet?

Name:

lesen schreiben sprechen malen/basteln rätseln backen

Die Arche

Das Aussehen der Arche wird sehr genau beschrieben.
Welche Aussagen sind richtig? Kreuze an.

- ☐ Die Arche ist ein enorm großes Schiff. T
- ☐ Die Arche hat mehr als drei Stockwerke. E
- ☐ Gott hat Noah empfohlen, Tannenholz zu verwenden. U
- ☐ Noah hat die Arche mit Teer bestrichen, damit kein Wasser eindringen kann. L
- ☐ Die beiden Pinguine laufen mit der Taube durch endlos lange Gänge. F
- ☐ Sie müssen immer wieder über Wasserrohre klettern. H
- ☐ Sie müssen immer wieder steile Stufen hinuntersteigen. T
- ☐ Der Raum der Pinguine befindet sich in der hintersten Ecke der Arche. C
- ☐ Der Raum der Pinguine ist ziemlich dunkel. N
- ☐ Von der Decke baumelt eine Glühbirne, die einen schwachen Strahl verbreitet. I
- ☐ Der Boden ist an manchen Stellen uneben. A
- ☐ Es knackt und knarrt an allen Ecken. S

Trage die Buchstaben der richtigen Sätze von unten nach oben der Reihe nach ein, dann erhältst du das Lösungswort.

An verschiedenen Aussagen kann man erkennen, dass sich die beiden Pinguine auf der Arche nicht wohlfühlen. Schreibe in dein Heft.

Name:

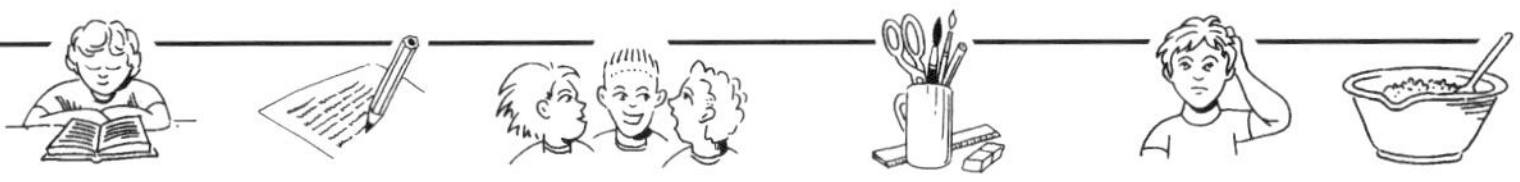

lesen **schreiben** sprechen malen/basteln rätseln backen

Ein ohrenbetäubender Lärm

Beim Ablegen macht die Arche einen kräftigen Ruck, sodass alle Tiere, die bereits geschlafen haben, wieder aufwachen. Von allen Seiten sind Schreie zu hören.

Bär Schaf Schwein Gans Affe Ziege

Elefant Pferd Hund Hahn Frosch Huhn

Käuzchen Schlange Nilpferd Kuh Wolf Katze

Ordne die Tiere nach dem Abc und schreibe sie jeweils mit Artikel und ihrem Tierlaut auf. Pass auf bei Hahn und Huhn! Lies nach auf Seite 42.

der Affe kreischt, ______

Was ist das Besondere an dem Laut des Rehs? Schreibe einen Satz.

Schuldig?

Nachdem die beiden Pinguine den kleinen Pinguin aus dem Koffer geholt haben, erklären sie ihm, dass Gott die ganze Erde unter Wasser gesetzt hat.

Warum denkt der kleine Pinguin, dass er an der Sintflut schuld ist? Ergänze die Sätze.

Schmetterling | keinen Gott | gibt. | gebracht. | abgemurkst. | Unglück

Ich bin schuld, weil ich gesagt habe,

dass es ______________________________

Außerdem habe ich den ______________________________

Ich habe über die ganze Welt ______________________________

Wie fühlt sich der kleine Pinguin? Kreuze die passenden Sätze an.

- ☐ Er ist fröhlich.
- ☐ Er ist traurig und weint.
- ☐ Er ist überrascht.
- ☐ Er hat ein schlechtes Gewissen.
- ☐ Er fühlt sich hilflos.
- ☐ Er ist ganz ruhig.
- ☐ Er ist wütend.
- ☐ Es geht ihm gut.
- ☐ Es geht ihm schlecht.

Die beiden anderen Pinguine versuchen den kleinen Pinguin zu trösten. Was sagen sie? Bilde drei Sätze mit diesen Satzteilen.

nicht gehört | längst vergessen | nicht hingeguckt | keine Absicht | nicht tot

____

____

____

____

____

Name:

lesen **schreiben** sprechen malen/basteln rätseln backen

Die genervte Taube

Da der kleine Pinguin so laut ist, kommt die Taube mit Riesenschritten an. Im letzten Augenblick springt einer der großen Pinguine in den Koffer.

Was sagt die Taube? Verbinde die passenden Satzteile.

Könnt ihr euch nicht •	• nicht neben den Löwen schlafen.
Ich habe schon •	• keine große Hilfe.
Die beiden Antilopen wollen •	• wie normale Tiere benehmen?
Die beiden Spechte klopfen •	• genug um die Ohren.
Die Ameise hat •	• Löcher in den Schiffsboden.
Und Noah ist •	• „Mach dies, mach das, los, Beeilung!“
Er sagt immer nur: •	• ihren Partner verloren und sucht ihn überall.

Als die Taube die Pinguine genauer anschaut, schöpft sie Verdacht. Welche Erklärungen geben die Pinguine der Taube? Schreibe auf.

Dieser Pinguin ist kleiner geworden.

Auch seine Stimme klingt irgendwie anders.

Name:

lesen schreiben sprechen malen/basteln rätseln backen

Heimat

Die drei Pinguine müssen an ihr Zuhause denken.
Woran erinnern sie sich?

Die Landschaft:

Das Leben:

Der kleine Pinguin fängt heiser zu singen an. Wie könnte das Lied weitergehen? Überlege mit einem Partner und schreibt eure Ideen auf.

Wenn man nicht weiterweiß,
schließt man die Augen
und träumt von Schnee und Eis
und denkt an die ...

Welche Melodie könnte zu dem Lied passen? Probiert es aus, verwendet zur Unterstützung Instrumente.

Name:

lesen schreiben sprechen malen/basteln **rätseln** backen

Schon vierzig Tage

Die Arche ist nun schon eine ganze Zeit unterwegs und das Leben geht seinen Gang.

Trage die fehlenden Wörter in das Rätsel ein.

Tipp: Lies auf den Seiten 51 bis 56 nach.

1. Im Inneren der Arche gibt es keinen Tag und keine ...
2. Die Reise kommt den Pinguinen wie eine ... vor.
3. Noah ist der Taube keine ...
4. Als die Taube angerannt kommt, hat sie eine ... auf dem Kopf.
5. Zuerst singen die Pinguine und dann fangen sie zu ... an.
6. Die Taube schreit so laut, dass ihr ... rot wie eine Paprika ist.
7. Die Taube trägt auf der Arche die ganze ...
8. Noah hat sich in seiner ... eingeschlossen und weigert sich herauszukommen.
9. Wenn Pinguine tanzen, dann klatschen sie in ihre ...
10. Obwohl die Taube so viel arbeitet, erhält sie keinen ...
11. Zunächst ist der Taube nicht aufgefallen, dass es ... Pinguine waren.

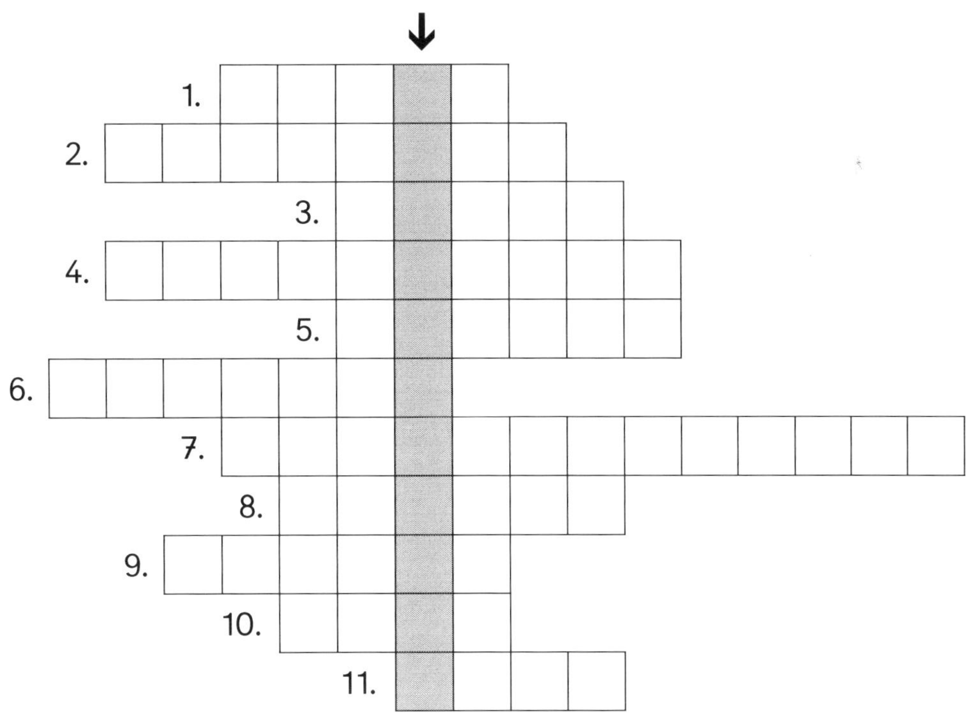

Schreibe das Lösungswort von oben nach unten auf.

Name:

lesen **schreiben** **sprechen** malen/basteln rätseln backen

Gott im Koffer

Der kleine Pinguin ist in seiner Rolle als Gott sehr glaubwürdig. Er sagt viele interessante Dinge.

Es ist schwer, auf jemanden wütend zu sein, der einem nichts bedeutet. Wenn du auf mich wütend gewesen bist, bin ich dir also nicht gleichgültig.

Leider machen sich die meisten eine völlig falsche Vorstellung von mir.

Du musst an mich glauben, ohne einen Beweis zu fordern. Sonst wäre es zu leicht. Nicht umsonst heißt es: an Gott glauben.

Du kannst mit Gott jederzeit sprechen. Ich bin immer und überall für dich da.

Gott kann überall sein.

Ich habe dich und alle anderen Tiere selbst gemacht.

Jeder soll für sich selbst entscheiden, ob er Gott lieben will oder nicht. Liebe zählt nur, wenn sie freiwillig geschenkt wird.

Welchen dieser Sätze findest du besonders interessant? Begründe, warum. Male die Sprechblase farbig aus.

____

____

Überlege dir eine Frage, die du Gott gerne stellen würdest. Schreibe sie auf.

____

____

Käsekuchen

„Gott“ wünscht sich einen Käsekuchen. Dieser Käsekuchen ist schnell und einfach gemacht.

Zutaten:
250 g Butter
250 g Zucker
5 Eier
1 Päckchen Vanillezucker
2 Päckchen Vanille-Puddingpulver
½ Päckchen Backpulver
1 kg Quark

große Schüssel
Rührgerät mit Rührhaken
Teigschaber
Springform (Ø 28 cm)

So geht's:
- Butter, Zucker, Vanillezucker, Eier in Schüssel geben, mit Rührgerät schaumig schlagen
- Puddingpulver und Backpulver hinzufügen, gut unterrühren
- Quark dazugeben, kurz unterrühren
- Quarkmasse in gebutterte und bemehlte Springform füllen, glatt streichen
- 90 Minuten bei 175 Grad Umluft backen
- Kuchen aus Ofen nehmen, auskühlen lassen, vorsichtig aus der Form lösen

Schreibe die Anleitung in ganzen Sätzen auf.

1. Gib zuerst Butter, Zucker, Vanillezucker und Eier in eine Schüssel ____________

2. Füge dann ____________

3. Gib zum Schluss ____________

4. ____________

5. ____________

6. ____________

Name: ______________________

lesen **schreiben** sprechen malen/basteln **rätseln** backen

Die Strafe

Die Taube sagt, sie sehe sich gezwungen, Noah persönlich über das geschmacklose Verhalten der Pinguine in Kenntnis zu setzen.

Was droht die Taube den Pinguinen an? Löse die Geheimschrift.

1	2	3	4	5	6	7	8	9	10	11	12	13	14	15	16	17	18	19	20	21	22	23	24	25	26
A	B	C	D	E	F	G	H	I	J	K	L	M	N	O	P	Q	R	S	T	U	V	W	X	Y	Z

4 9 5   19 20 18 1 6 5   23 9 18 4

6 21 5 18 3 8 20 5 18 12 9 3 8   23 5 18 4 5 14 !

In jedem Satz ist ein Wort falsch. Streiche es durch.
Schreibe alle Sätze richtig auf.

Die Pinguine warten und grübeln über die Nachspeise nach.

____

Das Warten kommt ihnen wie eine Gardine vor.

____

Möglicherweise träumt die Strafe nie.

____

Die Pinguine grübeln lange über die Strafe nach. Was glauben sie schließlich? Schreibe den Satz richtig auf.

auf | Das | die | die | ist | Strafe | Strafe. | Warten

____

Name:

lesen **schreiben** **sprechen** malen/basteln rätseln backen

Probleme

Die Taube kommt mit einer Nachricht in die Kabine der Pinguine. Was sagt sie? Lies den Text und trage dabei Trennstriche zwischen die Wörter ein.

ENDLICHHABEICHDIESENÖLZWEIGGEFUNDEN.DIE
FLUTISTVORBEI.DASWASSERISTGESUNKEN.DIEERDEIST
WIEDERTROCKEN.IHRKÖNNTANLAND.ALLETIEREMÜSSENIN
ZWEIERREIHENVONDERARCHEHERUNTERMARSCHIEREN.

Schreibe auf, was die Taube sagt.

Die Zweierreihe ist sowohl für die Pinguine als auch für die Taube ein Problem. Warum? Schreibe auf.

Wie könnten die Pinguine und die Taube ihre Probleme lösen? Besprecht euch in der Klasse.

Name:

lesen **schreiben** sprechen malen/basteln rätseln backen

Das Verlassen der Arche

Tipp: Lies auf Seite 74 nach.

Die beiden großen Pinguine verlassen die Arche.
Kreuze die richtigen Antworten an.

Sie müssen sich erst einmal ...

☐ begrüßen. ☐ an das Tageslicht gewöhnen. ☐ besprechen.

Die Sonne ...

☐ brennt. ☐ scheint. ☐ leuchtet.

Der Himmel ist ...

☐ dunkel. ☐ verhangen. ☐ strahlend blau.

Vorsichtig watscheln die beiden Tiere die Stufen ...

☐ der Brücke hinunter. ☐ des Hauses hinunter. ☐ der Gangway hinunter.

Als Letzte verlassen zwei Tauben die Arche. Wie werden sie beschrieben? Schreibe auf.

Die linke Taube ...	Die rechte Taube ...

Name:

lesen schreiben sprechen malen/basteln **rätseln** backen

Die schuldbewusste Taube

Noah hebt plötzlich seinen Stock und ruft die Taube zu sich.

Was hat die Taube alles falsch gemacht? Kreise die richtigen Buchstaben ein.

	stimmt	stimmt nicht
Sie hat nicht die richtigen Tiere auf die Arche bestellt.	R	K
Sie hat während der Fahrt zu viel gelesen.	A	T
Sie hat ständig herumgebrüllt.	E	L
Wegen ihres Gebrülls sind die Tiere immer wieder aufgewacht.	R	A
Sie hat zugelassen, dass die Pinguine einen Koffer mit an Bord nehmen.	T	S
Sie hat heimlich Reiseproviant an Bord genommen.	T	P
Sie hat mit den Pinguinen Domino gespielt.	E	U
Sie hat mit den Klapperschlangen Karten gespielt.	E	A
Sie hat ständig aus dem Fenster geschaut, ob das Wasser zurückgeht.	H	U
Sie ist auf der langen Fahrt einmal kurz eingenickt.	W	N
Sie hat den Pinguinen Kekse geschenkt.	R	T
Sie ist zu oft bei den Giraffen gewesen.	S	G
Sie hat geglaubt, dass sich Gott in einem Koffer befindet.	E	I
Als endlich Land in Sicht war, hat sie nur einen lumpigen Ölzweig gefunden.	N	A
Sie ist mehrmals die Treppe hinuntergestolpert, weil sie nicht aufgepasst hat.	C	N
Sie hat viel Zeit mit der Pflege ihrer Federn verbracht.	H	I
Sie hat eine zweite Taube vergessen.	N	M
Sie hat einen Pinguin als Taube verkleidet.	O	E
Sie hat Gott vor allen Tieren der Arche Noah beschimpft.	I	P
Sie hat Noah für so dumm gehalten, dass er auf den Schwindel mit der zweiten Taube hereinfällt.	D	S

Lies die Buchstaben der richtigen Sätze von unten nach oben und schreibe das Lösungswort auf.

Die Taube erwartet ein

.

Name:

lesen schreiben sprechen malen/basteln rätseln backen

Noah

Noah wird sehr genau beschrieben.
Male ihn.

Vor der Arche steht ein alter Mann
mit einem langen weißen Bart.
Er stützt sich auf einen Stock
und schaut die beiden Pinguine
durch dicke Brillengläser an.

Warum glauben die Pinguine, dass Noah Gott ist?

Was berichtet Noah von Gott? Nenne zwei Dinge.

Was sagt Noah darüber, wie man sich Gott vorstellen kann?

Name:

lesen **schreiben** sprechen malen/basteln rätseln backen

Ein Zeichen von Gott

Am Horizont ist ein Regenbogen zu erkennen. Er ist laut Noah ein Zeichen von Gott, dass der Regen nie mehr so lange die Sonne verdunkeln soll. Wie reagieren die Pinguine darauf?

____

____

____

Gott hat versprochen, dass es nie wieder eine Sintflut geben wird. Was bedeutet das für uns? Male die Aussagen an, die du richtig findest. Ergänze die leeren Kärtchen mit weiteren Aussagen.

Wenn Gott versprochen hat, dass es nie wieder eine Sintflut gibt, ist es egal, ob wir uns gut oder schlecht verhalten.	Wenn wir uns nicht um unsere Erde kümmern, schaden wir uns damit letztendlich selbst.
Auch wenn Gott versprochen hat, dass es nie wieder eine Sintflut gibt, sollten wir uns bemühen, uns gut zu verhalten.	Es kann uns egal sein, was mit unserer Erde geschieht. Wir können sowieso nichts ändern.
Gott weiß, dass es immer Streit geben wird. Aber es ist wichtig, dass sich die Menschen danach wieder vertragen.	Die Menschen haben die Verantwortung für die Erde. Deshalb ist es wichtig, dass sie sich darum kümmern.
__________ __________ __________	__________ __________ __________

Name:

lesen schreiben sprechen malen/basteln rätseln backen

Der Regenbogen

Ein Regenbogen kann entstehen, wenn es regnet und gleichzeitig die Sonne scheint. Das Licht der Sonnenstrahlen wird durch die Wassertropfen, die sich dann in der Luft befinden, gebrochen. Dabei spaltet sich das weiße Sonnenlicht in seine unterschiedlichen Wellenlängen auf und die einzelnen Farben werden sichtbar. Man sieht immer dieselben Farben in derselben Reihenfolge von außen nach innen: Rot, Orange, Gelb, Grün, Blau und Violett.

Male den Regenbogen aus.

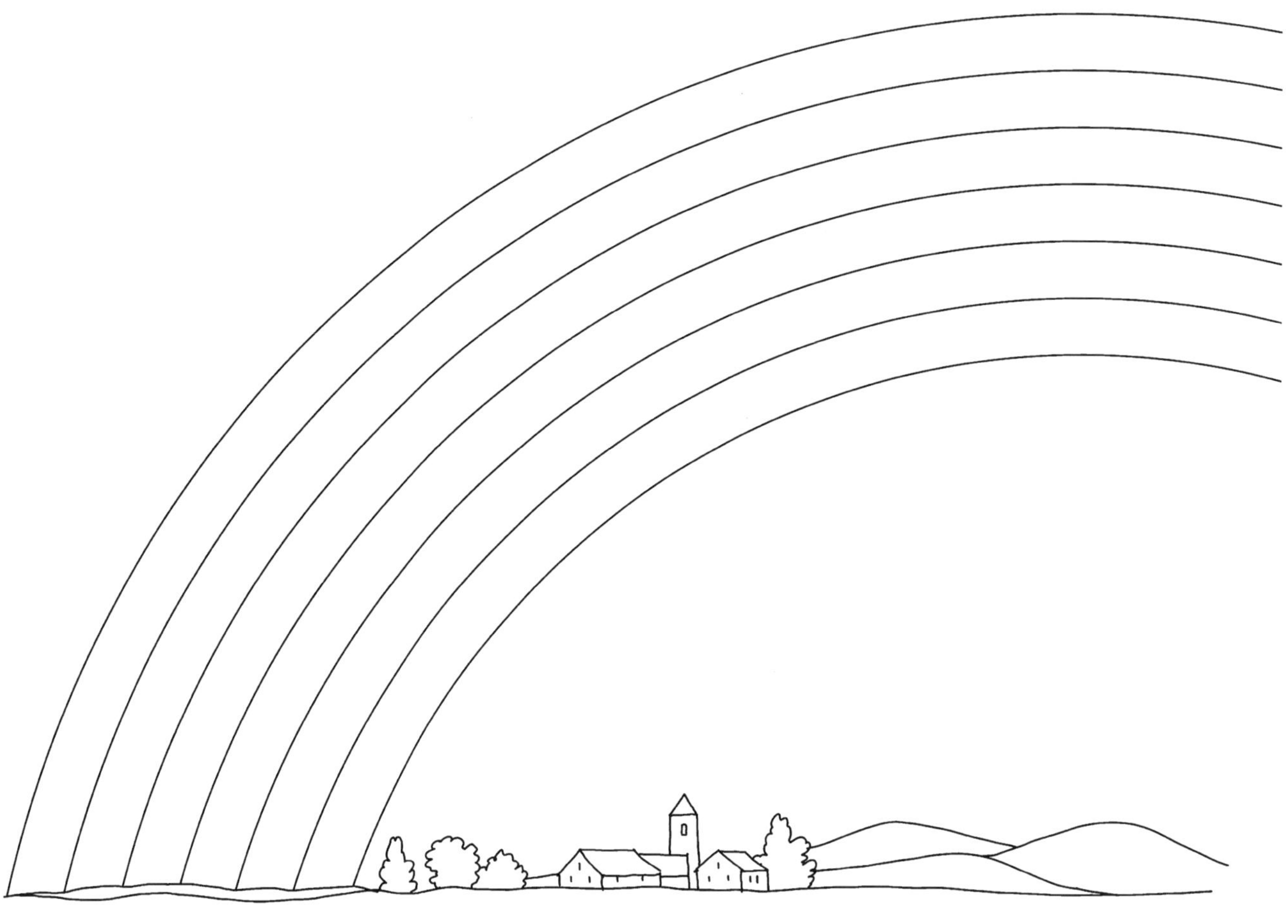

Erzeuge selbst einen Regenbogen.

1. Nimm einen Gartenschlauch, der einen möglichst breiten Strahl hat.
2. Stelle dich im Freien mit dem Rücken zur Sonne und halte den Gartenschlauch vor dich. Probiere aus, wie du dich genau hinstellen musst.
3. Im Wasserstrahl kannst du einen schillernden Regenbogen entdecken.

Name:

lesen **schreiben** sprechen malen/basteln rätseln backen

Ein neues Leben

Ordne die Wörter. Schreibe die Sätze richtig auf.

bedankt. bei der Noah Taube hat sich

künftig immer Die beiden wollen brav sein. großen Pinguine

Der kleine seinen Schmetterling hat wiedergefunden. Pinguin

haben sich Der die Taube lieb gewonnen. richtig kleine Pinguin und

Gott kann man nicht sehen. Was lässt uns an ihm zweifeln?
Wie können wir ihn entdecken? Trage ein. Fällt dir noch etwas ein?

Regenbogen | überstandene Krankheit | Naturkatastrophe | plötzlicher Tod | schwerer Unfall | besondere Menschen

Gründe, warum man an Gott zweifeln kann	Zeichen, in denen man Gott entdecken kann

Name: ______________________ **lesen** **schreiben** sprechen malen/basteln rätseln backen

Zweimal Arche

Du kennst nun die Geschichte von der Arche Noah aus der Bibel und das Buch „An der Arche um Acht“.

Welche Inhalte aus dem Bibeltext kommen im Buch „An der Arche um Acht“ ebenfalls vor?

____

____

____

____

____

In der Geschichte „An der Arche um Acht“ tauchen viele Dinge auf, die aus unserer Zeit stammen. Sammle einige und schreibe sie auf.

____

____

____

Wie fandest du das Buch? Kreuze an und schreibe auf.

☐ lustig ☐ traurig ☐ langweilig ☐ spannend ☐ interessant

☐ gut ☐ toll ☐ schlecht ☐ ______________

Das Buch … ☐ sollte man lesen. ☐ braucht man nicht zu lesen.

Das möchte ich dazu noch sagen:

____

____

Einfühlspiel: Was glaube ich?

für drei bis sechs Spieler

Spielvorbereitung:
Schneidet die Daumenkarten, die Einfühlpinguine und die Aussagekarten aus. Mischt die Aussagekarten und legt sie mit der Rückseite nach oben auf einen Stapel. Die Einfühlpinguine legt ihr daneben. Jeder Mitspieler bekommt zwei Daumenkarten (eine mit Daumen nach oben, eine mit Daumen nach unten).

Spielanleitung:
1. Ein Mitspieler zieht eine Aussagekarte und liest sie laut vor.
2. Nun legt er eine Daumenkarte verdeckt vor sich auf den Tisch: „Daumen nach oben“ bedeutet „Ich stimme der Aussage zu“, „Daumen nach unten“ bedeutet „Ich stimme der Aussage nicht zu“.
3. Alle anderen Mitspieler fühlen sich in den ersten Mitspieler ein und überlegen, welche Daumenkarte er gelegt hat.
4. Wenn sie sich entschieden haben, legen sie diese Daumenkarte verdeckt vor sich auf den Tisch.
5. Alle Daumenkarten werden nun gleichzeitig aufgedeckt und verglichen.
6. Diejenigen, deren Daumenkarte mit der Daumenkarte des ersten Spielers übereinstimmt, erhalten einen Einfühlpinguin.
7. Die Aussagekarte wird zur Seite gelegt und der nächste Mitspieler nimmt eine Karte vom Stapel.
8. Gibt es keine Aussagekarten mehr, ist das Spiel beendet. Sieger ist der Spieler mit den meisten Einfühlpinguinen.

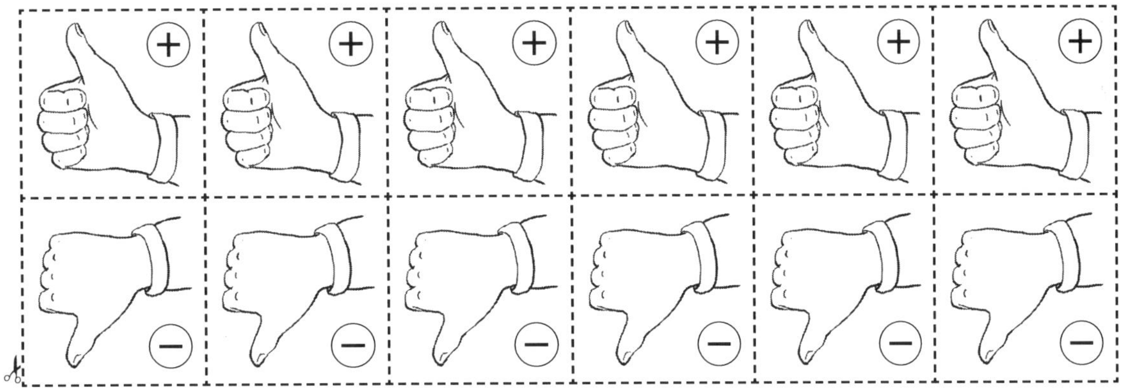

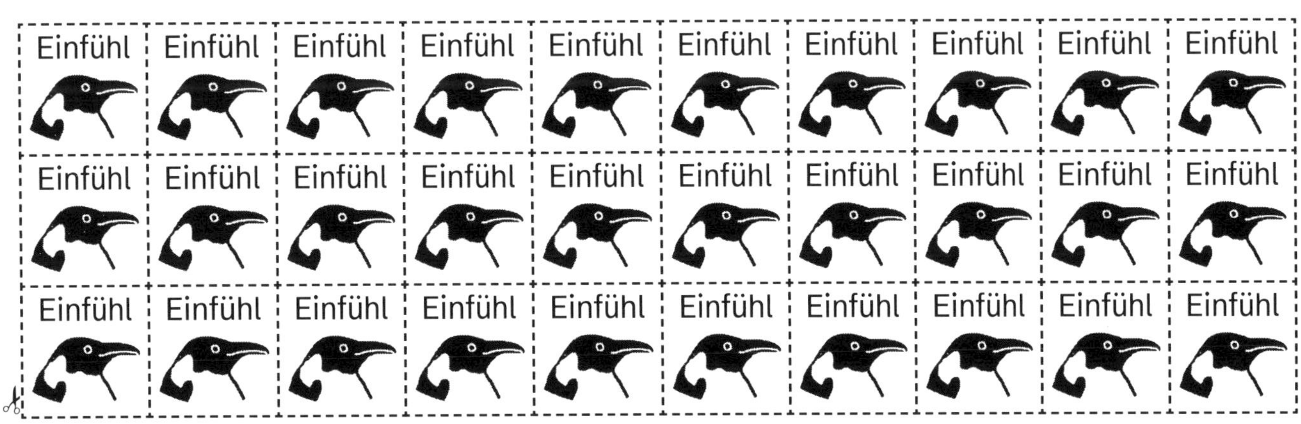

Einfühlspiel: Was glaube ich? (Aussagekarten)

„Gäbe es Gott, würde er Katastrophen bestimmt nicht zulassen."	„Gott beobachtet jeden Einzelnen von uns genau."	„Gott liebt die Menschen so, wie sie sind."
„Gott hat alles gemacht: Erde, Pflanzen, Tiere und Menschen."	„Gott liebt nur die Menschen, die an ihn glauben."	„Gott gibt uns Zeichen, in denen wir ihn erkennen können."
„Jeder muss selbst entscheiden, ob er an Gott glauben will oder nicht."	„Der Regenbogen ist ein Zeichen Gottes."	„Gott bestraft falsches Verhalten mit Schicksalsschlägen."
„Ich habe Angst vor Gott."	„Ich hoffe auf einen gütigen Gott, der mich liebt, wie ich bin."	„Ich brauche einen Beweis, dass es Gott gibt. Sonst glaube ich nicht an ihn."
„In schwierigen Situationen bete ich zu Gott."	„Ich brauche keinen Gott. Ich kann sehr gut ohne ihn leben."	„Alle Menschen sind für ihr Leben selbst verantwortlich."
„Jeder Mensch muss sich nach dem Tod vor Gott für sein Leben rechtfertigen."	„Menschen sind, wie sie sind. Sie können sich nicht ändern."	„Man kann ein guter Mensch sein, ohne an Gott zu glauben."
„Ich weiß selbst, was gut ist – dafür brauche ich keinen Gott."		